RECUEIL

DES

DOCUMENTS FONDAMENTAUX

RELATIFS À L'ORIGINE,

À L'INSTITUTION ET À L'ORGANISATION

DU

CONSERVATOIRE NATIONAL DES ARTS ET MÉTIERS.

RECUEIL

DES

LOIS, DÉCRETS, ORDONNANCES,

ARRÊTÉS, DÉCISIONS ET RAPPORTS

RELATIFS

À L'ORIGINE, À L'INSTITUTION, À L'ORGANISATION

ET À LA DIRECTION

DU

CONSERVATOIRE NATIONAL DES ARTS ET MÉTIERS,

ET À LA CRÉATION

DES COURS PUBLICS DE CET ÉTABLISSEMENT.

PARIS.

IMPRIMERIE NATIONALE.

M DCCC LXXXIX.

INTRODUCTION.

Le Recueil que nous publions aujourd'hui, selon le vœu du Conseil de perfectionnement du Conservatoire national des arts et métiers, a pour objet de permettre à tous ceux qui s'intéressent à ce grand établissement de remonter à ses origines et de voir par quelles phases il a passé successivement avant d'atteindre le degré de développement auquel il est parvenu.

Nous sommes à une époque où l'on fête volontiers les glorieux centenaires, et cela seul justifierait, au besoin, l'hommage que nous rendons ainsi implicitement à ceux qui ont conçu, il y a précisément un siècle — de 1783 à 1794 — et réalisé l'idée à laquelle est due l'existence d'une institution qui a été longtemps sans rivale dans les autres pays. Le moment, d'ailleurs, semble bien choisi de mettre sous les yeux de nos contemporains, législateurs, savants, ingénieurs, industriels ou simples consommateurs, l'histoire fidèle, révélée par des actes et sans autre commentaire que cette introduction, des préoccupations qui ont hanté les esprits de nos pères et ceux de nos prédécesseurs frappés, et à juste titre, les premiers, des admirables efforts qui ont illustré le XVIIIe siècle, si heureusement nommé par les Anglais *le siècle des inventions*, et les autres du développement prodigieux de la science industrielle, qui ne cesse de nous émerveiller nous-mêmes.

Il est bon, en effet, de rappeler, dans la période de

transformation que nous traversons, non sans difficultés, mais en nous rapprochant du but, que les arts mécaniques, destinés à produire la révolution la plus profonde qui ait jamais eu lieu dans l'histoire de la civilisation, n'ont vraiment commencé à prendre leur essor qu'à partir du milieu du siècle dernier.

Les métiers à carder, à filer et à tisser, les pièces de serrurerie et mieux encore celles d'horlogerie, si ingénieuses, si délicates, et qui ont tant contribué au perfectionnement des mécanismes, en général, l'automatique qui en est issue et qui n'a pas été seulement appliquée aux métiers, pour simplifier le travail manuel, mais aussi et de bonne heure aux observations scientifiques[1], le laminoir cylindrique substitué fréquemment au marteau de forge, les autres perfectionnements de l'art de fabriquer et de travailler les métaux, l'amélioration lente mais continue des engins hydrauliques, la machine à vapeur enfin, entrevue depuis longtemps, découverte au XVIIe siècle, mais devenue vraiment pratique il y a cent ans à peine, et qui, après avoir été d'abord destinée à l'épuisement des mines, devait faire marcher tant de métiers, provoquer l'invention d'une si grande variété de machines-outils, y compris les machines agricoles, enfin devenir l'âme de cette merveilleuse industrie des transports par voie ferrée, en un mot, se prêter à tous les besoins des sociétés nouvelles, d'une nouvelle civilisation; la soie et le coton, comme les autres textiles anciennement en usage, mieux travaillés et plus économiquement, la houille s'introduisant dans la consom-

---

[1] On peut voir au Conservatoire le remarquable anémomètre enregistreur de D'Ons-en-Bray, imaginé dès 1734 et qui est vraisemblablement l'ancêtre de tous les instruments destinés à remplacer les observateurs et à fournir, sous forme de *graphiques*, des registres d'observations continues.

mation, le fer dans la construction des anciennes machines aussi bien que de toutes celles que l'on imaginait; tels sont, en s'en tenant aux plus importants, les objets qui ont sollicité tour à tour l'attention des esprits avisés soucieux de l'avenir de notre pays plus que jamais lié à celui de son industrie.

L'Angleterre, on ne doit pas hésiter à le reconnaître, nous avait devancés dans la plupart des applications usuelles de la mécanique destinées à devenir pour elle une source de richesse et de puissance, et pour l'humanité entière une source de bien-être. Tandis, en effet, que nos inimitables artistes se contentaient d'accomplir des merveilles dans les industries de luxe créées pour des consommateurs privilégiés, ses ingénieurs prenaient déjà à tâche de réaliser les grands progrès économiques qui se poursuivent aujourd'hui partout et auxquels, d'ailleurs, nous n'avons pas cessé de contribuer, même avant d'en profiter.

Il est très remarquable, assurément, que, malgré les violentes commotions politiques éprouvées par notre pays, malgré les guerres épuisantes de la Révolution et de l'Empire, le génie inventif de nos compatriotes, loin de se ralentir, ne s'est peut-être jamais manifesté d'une manière plus éclatante qu'à cette époque féconde et glorieuse autant que tourmentée[1].

Il n'en est pas moins vrai que, pendant la tourmente, l'Angleterre, seule à l'abri, dans son île, des misères de la guerre, continuait à développer ses manufactures, en utilisant, souvent plus tôt que nous, nos propres inventions en même temps que celles de ses nombreux chercheurs.

[1] Il serait facile de justifier cette assertion, en dressant la liste des savants, des grands ingénieurs et des inventeurs célèbres qui ont illustré notre pays, de 1789 à 1815 et préparé la fécondité de l'ère actuelle.

Le Conservatoire des arts et métiers, dont les premiers éléments avaient été rassemblés par le célèbre mécanicien Vaucanson[1], créé en 1794 par un décret de la Convention, organisé en 1796 et définitivement installé en 1798, dans l'ancien prieuré de Saint-Martin-des-Champs, devint le centre et le foyer où vinrent converger les efforts de ceux qui sentaient la nécessité de ne pas laisser compromettre notre vieille renommée industrielle[2], et d'où rayonnèrent ensuite la lumière et l'énergie qui devaient la relever et l'étendre.

Tous ceux qui ont étudié attentivement notre histoire technologique savent qu'à la chute de l'Empire et pendant les premières années de la Restauration, nos industries de luxe, celles dans lesquelles nous avions excellé, avaient considérablement décliné et que tout ou presque tout était à faire pour regagner la distance qui nous séparait des Anglais, dans le champ de la production à bon marché des objets de première nécessité. Aux métiers manuels, aux petits ateliers, dont les produits étaient à la fois trop chers et trop peu abondants, il fallait substituer sans retard les machines et les grandes fabriques, préparer les esprits à cette transformation et enseigner les moyens de l'effectuer.

Tels furent le programme et le rôle dont le Conservatoire des arts et métiers dut assumer la responsabilité et

---

[1] L'une des notes insérées au bas de la deuxième page du rapport de JOLY DE FLEURY (*voir* ci-après, page 4) rappelle que DESCARTES avait conçu la même idée, mais VAUCANSON a eu, dans tous les cas, le mérite incontestable de lui donner un corps au moment le plus opportun.

[2] Les membres du Conservatoire ont pris une part des plus actives à l'organisation de nos premières *Expositions nationales des produits de l'industrie* et, de plus, l'idée de fonder une *Société d'encouragement pour l'industrie nationale* est due principalement à J. MONTGOLFIER, qui était alors un des démonstrateurs du Conservatoire (1801).

qu'il s'efforça de remplir, dès que les circonstances le permirent, c'est-à-dire à la paix et surtout à partir de 1819, qui est aussi la date de la renaissance et de la création de bon nombre de nos principales industries.

On nous permettra sans doute d'entrer dans quelques détails à ce sujet et même de revenir un peu en arrière.

Le but assigné au Conservatoire par ses fondateurs avait été, dès le principe, de familiariser les visiteurs de son musée avec l'aspect des machines nouvelles; des démonstrateurs étaient chargés de leur en expliquer la construction et le fonctionnement. C'était même cette seconde disposition qui était due, en propre, à l'initiative de la Convention, car, dans le rapport du contrôleur de finances, Joly de Fleury, au roi Louis XVI, en date du 2 août 1783, qui est placé en tête de ce Recueil, on voit déjà que la collection de Vaucanson, transformée en dépôt de modèles ouvert au public, était destinée à vulgariser les nouvelles inventions mécaniques et qu'elle devait même être « augmentée d'un grand nombre de *machines employées avec succès en Angleterre et en Hollande* ».

« On y placerait, disait-on dans ce rapport, les modèles des machines principalement usitées dans les arts et dans les fabriques.

« Un dépôt public de cette espèce instruirait, encouragerait ceux qui se sentent du goût et du talent pour l'invention des machines; il exciterait les capitalistes à former des spéculations sur le produit des machines nouvelles. »

Le décret-loi de la Convention, en date du 19 vendémiaire an III (10 octobre 1794), reproduit, en le complétant, le programme qui avait été adopté par le roi Louis XVI; voici ses deux premiers et principaux articles :

« ARTICLE PREMIER. — Il sera formé à Paris, sous le nom de Conservatoire des arts et métiers et sous l'inspection de la Commission d'agriculture et des arts, un dépôt de machines, modèles, outils, dessins, descriptions et livres dans tous les genres d'arts et métiers. L'original des instruments et machines inventés ou perfectionnés sera déposé au Conservatoire.

« ART. 2. — On y expliquera la construction et l'emploi des outils et machines utiles aux arts et métiers. »

Dans le règlement en date du 15 thermidor an IV (1er août 1796), qui suivit ce décret, au titre II on prévoyait même la mise en mouvement des métiers à tisser, dans un article ainsi conçu :

« ART. 3. — Indépendamment des galeries (de modèles et de dessins), le Conservatoire établira dans des salles particulières, sous la surveillance d'un chef instruit dans la fabrication des étoffes, les machines et métiers qu'il est nécessaire de mettre en activité journellement, tant pour les conserver en bon état que pour en démontrer les effets et provoquer le génie des artistes aux recherches des moyens de perfectionner nos manufactures[1]. »

Les articles 8 et 9 du même titre précisaient d'ailleurs, ainsi qu'il suit, les fonctions des démonstrateurs :

« ART. 8. — Les démonstrateurs devant expliquer la construction et l'emploi des outils et machines utiles aux arts

[1] Cette prévision ne devait pas tarder à se vérifier, car six ou sept ans après, la comparaison du métier de FALCON, qu'il connaissait déjà, et de celui de VAUCANSON, qu'il vit fonctionner au Conservatoire, mit JACQUART sur la voie de la grande découverte qui porte son nom et qui a fait la fortune de la fabrique lyonnaise.

et métiers, conformément à la loi qui fixe l'établissement du Conservatoire, ils feront ces explications, soit dans les galeries, à côté des objets, soit dans une salle particulière, où chaque démonstrateur pourra faire transporter les objets dont il aura besoin, et, dans ce cas, il sera pris, par le Conservatoire, des précautions pour que ces objets ne soient ni égarés ni détériorés.

« Art. 9. — Les démonstrateurs du Conservatoire seront tenus de donner tous les renseignements nécessaires et de faire les rapports sur les inventions et les perfectionnements concernant les arts et métiers, toutes les fois qu'ils leur seront demandés par le Gouvernement[1]. »

Il faudrait citer ce règlement tout entier, car il contient un plan d'organisation très remarquable et très complet dont quelques-unes des dispositions, abandonnées ou singulièrement modifiées, mériteraient d'être mises en vigueur, au moins en partie. Telles sont celles qui font l'objet des titres IV et V concernant le bureau du dessinateur et l'atelier du Conservatoire des arts et métiers. Je me bornerai à renvoyer le lecteur à ce document, en le prévenant que l'Administration actuelle n'a plus à sa disposition de bureau de dessinateur, que son atelier de réparation ne comprend que trois ouvriers d'art et qu'elle est obligée, en conséquence, de recourir à des dessinateurs et à des artistes du dehors pour satisfaire aux nombreux besoins du musée, du portefeuille industriel et de l'enseignement.

Nous devons convenir que ce règlement, rédigé, en exé-

---

[1] Cette tradition s'est perpétuée, et les professeurs, qui ont succédé aux démonstrateurs, ont été et continuent à être fréquemment consultés par les différents ministères sur les questions techniques qui les intéressent.

cution d'un article du décret du 19 vendémiaire an III, par les membres du Conservatoire, ne paraît pas avoir été exécuté à la lettre, même après les deux rapports d'Alquier et de Grégoire qui démontraient avec tant de force la nécessité d'organiser le Conservatoire et de lui fournir le local et toutes les ressources dont il avait besoin pour remplir sa mission.

On trouvera dans le Recueil qui suit un extrait du rapport d'Alquier et le rapport *in extenso* de Grégoire. Nous nous bornerons ici à citer deux ou trois paragraphes de ce dernier document, parce qu'ils n'ont rien perdu de leur à-propos devant les hésitations qui se manifestent trop souvent quand on réclame les crédits nécessaires au développement d'une institution qui, cependant, a largement fait ses preuves. Au lieu du passé employé dans le texte, nous demanderons même la permission de mettre au présent les deux paragraphes qui expliquent pourquoi, sous le prétexte d'une sévère économie, on s'expose à manquer le but :

« 1° Parce que, faute d'un local suffisant, on ne peut mettre à l'abri de toute détérioration l'immense et inappréciable quantité d'objets accumulés ;

« 2° Parce que les fonds nécessaires à la mise en activité de cet établissement sont un argent placé au plus haut intérêt, par l'influence qu'ils ont sur l'industrie nationale. »

. . . .

« Le Conservatoire des arts et métiers », est-il dit plus loin, « n'est pas une accumulation de machines inutiles . . ., mais on y rassemble toutes celles qui exécutent bien, qui exécutent promptement, et qui présentent la perfection ou le mieux appuyé, non sur des systèmes, mais sur des essais répétés qui en garantissent l'utilité. »

Telle est encore, nous ne saurions trop insister sur ce point, la véritable raison d'être du Conservatoire des arts et métiers, où l'on garde avec le plus grand soin les modèles historiques, dans un intérêt facile à concevoir, mais où l'on doit s'attacher et où l'on s'attache effectivement, autant que le permettent les ressources dont on dispose, à placer le plus tôt possible sous les yeux du public les inventions nouvelles dignes d'attirer son attention, parce qu'elles peuvent contribuer singulièrement à l'éclairer sur les services qu'elles sont appelées à lui rendre.

Nous pouvons passer rapidement sur la période qui s'étend de 1800 à 1815, car il n'a jamais été moins fait pour le Conservatoire des arts et métiers que sous le Consulat et pendant toute la durée du premier Empire.

C'est à peine, en effet, si, à la date du 28 vendémiaire an IX (19 octobre 1800), on découvre un arrêté s'intéressant à l'existence de cet établissement, placé désormais sous l'autorité d'un administrateur assisté d'un conseil composé de trois membres. Encore la plus stricte économie y est-elle recommandée, et les traitements de l'administrateur, des membres du conseil et des employés y semblent-ils maintenus eux-mêmes seulement à titre provisoire.

On trouve ensuite deux décrets impériaux, dont l'un, en date du 21 mars 1812, menaçait l'existence de l'établissement, sur l'emplacement duquel devait être édifié un lycée pour quatre cents élèves, tandis que l'autre, daté de Dresde et du 14 mai 1813, maintenait, toujours *provisoirement*, le Conservatoire dans le local où il était établi.

C'est cependant sous l'Empire que l'École pratique instituée par Molard dès 1796 et longtemps désignée sous le nom de *petite école*[1], fut approuvée et atteignit son plus haut degré d'utilité, en formant des sous-officiers instruits pour les armes du génie et de l'artillerie, et des directeurs de manufactures dont plusieurs contribuèrent puissamment par la suite au relèvement de nos industries les plus importantes. Nous renvoyons le lecteur qui désirerait être plus amplement renseigné sur ce sujet à l'excellente Notice historique rédigée par M. Paul Huguet, revue et complétée par M. Émile Levasseur, qui se trouve en tête du catalogue des collections du Conservatoire des arts et métiers publié en 1882[2].

Le gouvernement de Louis XVIII, sollicité par des esprits libéraux et éclairés, au premier rang desquels il faut citer le duc de la Rochefoucauld et Charles Dupin, qui, tous les deux, étaient allés visiter les manufactures anglaises, fit faire un pas considérable à l'organisation du Conservatoire des arts et métiers, en créant les cours publics de sciences appliquées aux arts et à l'industrie. Le texte des considérants et des premiers articles de l'ordonnance royale, en date du 25 novembre 1819, qui consacre cette importante innovation, mérite d'être cité dans cette introduction; le voici :

« Le Conservatoire des arts et métiers a rendu depuis son institution d'importants services; mais, pour atteindre complètement le but de sa fondation, il y a manqué jusqu'ici une haute école d'application des connaissances scientifiques au commerce et à l'industrie.

---

[1] La petite école, réduite à l'enseignement de la géométrie descriptive élémentaire et du dessin, a été supprimée en 1874.

[2] Une nouvelle édition du catalogue est en préparation et commencera à paraître par fascicules en 1889.

« Voulant pourvoir à ces besoins, remplir le vœu des hommes éclairés et contribuer de tout notre pouvoir aux moyens d'accroître la prospérité nationale ;

« Sur le rapport de notre Ministre Secrétaire d'État de l'intérieur,

« Nous avons ordonné et ordonnons ce qui suit :

« Article premier. — Il sera établi au Conservatoire des arts et métiers un enseignement public et gratuit pour l'application des sciences aux arts industriels.

« Art. 2. — Cet enseignement se composera de trois cours, savoir :

« Un cours de mécanique et un cours de chimie appliquées aux arts ;

« Un cours d'économie industrielle. »

Il est impossible de n'être pas frappé de l'heureuse inspiration qui a guidé, dès le début, le législateur dans le choix de ces trois chaires, et nous pourrions ajouter dans celui de leurs premiers titulaires, qui se nommaient Ch. Dupin, Clément Desormes et J.-B. Say. La transformation de l'industrie est due, en effet, aux progrès de la mécanique et à ceux des sciences physiques et chimiques, et, d'un autre côté, il était, non pas seulement utile, mais indispensable de populariser les principes de la science économique au moment où les grandes entreprises industrielles allaient révéler l'importance de l'association du travail et du capital.

On n'hésitait plus à étendre l'enseignement, comme au temps de Grégoire, qui, dans son rapport, ne prévoyait, ainsi que l'avait fait Vaucanson lui-même, que l'étude de la mécanique et de ses applications.

« Les arts et métiers s'apprennent dans les ateliers », était-il dit dans ce rapport : « ce n'est pas dans le Conservatoire qu'on enseignera la partie chimique; mais on y apprendra, sous des maîtres habiles, la partie mécanique, la construction des machines et des outils les plus accomplis, leur jeu, la distribution, la combinaison des mouvements, l'emploi des forces. »

Et le rapporteur ajoutait:

« Cette partie des sciences est également neuve et utile ».

Cela était vrai, assurément, mais les autres sciences se renouvelaient aussi à leur tour et procuraient des ressources de jour en jour plus nombreuses aux professions les plus variées. Il convient de rappeler même que l'exclusion de la chimie, prononcée par Grégoire, n'avait pas empêché le prévoyant Molard d'organiser des laboratoires dès les premières années de son administration.

On trouve une preuve à la fois éloquente et touchante de l'utilité de cette introduction au Conservatoire d'une science d'observation dont les applications industrielles devaient se multiplier autant que celles de la mécanique, dans ce fait assez peu connu que l'illustre et infortuné Nicolas Leblanc, l'inventeur avéré de la soude artificielle, réduit à la plus grande gêne par les événements d'abord et par la coupable indifférence de ses contemporains parvenus au pouvoir, y trouva du moins temporairement un asile pour continuer ses recherches sur les phénomènes de la cristallisation.

En publiant en l'an x (1802) la brochure qui en contient les principaux résultats, il exprimait en ces termes sa reconnaissance pour Molard:

« C'est le citoyen Molard, directeur du Conservatoire des arts et métiers, qui m'a fourni les secours sans lesquels il m'eût été impossible de reprendre mes opérations et de parvenir à pouvoir exposer mes produits sous les yeux du public. C'est dans un laboratoire de cet établissement, à Saint-Martin, que je fais aujourd'hui mon travail. »

Le gouvernement de la Restauration, qui avait inauguré l'enseignement oral, public et gratuit des sciences appliquées, en 1819, en ouvrant les trois cours désignés plus haut, eut encore le mérite d'en créer un quatrième en 1829. Le cours de Charles Dupin, professé de la manière la plus brillante, comprenait la géométrie et la mécanique générale et embrassait un programme trop étendu pour lui permettre de faire beaucoup de démonstrations expérimentales. C'est pour soulager cet enseignement et par un retour à l'ancienne tradition qu'une ordonnance en date du 6 mai 1829 nommait un physicien distingué, M. Pouillet, sous-directeur démonstrateur des machines. Le 9 mai, un arrêté ministériel chargeait en outre M. Pouillet « d'exposer aussi les applications faites aux arts des principes de la physique expérimentale, en tant qu'elles ne rentraient pas dans le cadre du cours confié au professeur de chimie appliquée ».

En réalité, c'était un cours de physique expérimentale qui était ainsi créé, et la mécanique devait avoir son tour un peu plus tard.

Quoi qu'il en soit, l'enseignement du Conservatoire comprenait, dès lors, les principales applications des sciences à l'industrie et était devenu en peu de temps très populaire.

Sous la monarchie de Juillet, deux ministres pénétrés de la très grande utilité de cet enseignement, MM. H. Passy et Cunin-Gridaine songèrent à l'étendre à l'agriculture et le complétèrent en divisant les cours beaucoup trop chargés de géométrie et de mécanique, de chimie et d'économie politique. En 1839, c'est-à-dire vingt ans seulement après la création de l'enseignement oral, le nombre des chaires s'élevait à dix, et, après quelques modifications, elles portaient les titres suivants :

Géométrie appliquée aux arts;
Géométrie descriptive;
Mécanique industrielle;
Physique appliquée aux arts;
Chimie appliquée aux arts (deux cours);
Agriculture (deux cours);
Économie industrielle;
Législation industrielle.

En 1848, une chaire spéciale de céramique fut instituée au Conservatoire, mais la mort prématurée du professeur Ebelmen, survenue en 1852, interrompit cet enseignement, qui a été repris seulement en 1868.

De 1852 à 1854, quatre nouvelles chaires furent créées. Deux d'entre elles, celle de filature et de tissage, et celle de teinture, impression et apprêts des tissus, furent instituées d'après le vœu de la chambre de commerce de Paris. Une troisième chaire était consacrée à l'agriculture (zootechnie), et enfin un cours de constructions civiles, réclamé par le conseil de perfectionnement, comblait une importante lacune, au profit des nombreuses professions du bâtiment.

De 1852 à 1868, plusieurs des anciennes chaires et des chaires nouvelles furent modifiées dans leurs titres ou même tout à fait transformées, pour répondre plus exactement aux besoins que l'on considérait comme les plus urgents à satisfaire. Les quatorze cours qui existaient ainsi en 1868 et qui ont continué à être professés sans interruption depuis cette époque peuvent être classés de la manière suivante :

Arts mécaniques.	Géométrie appliquée.... Mécanique générale..... Filature et tissage......	3 cours.
Art des constructions.......	Géométrie descriptive... Constructions civiles....	2 cours.
Physique......	Physique appliquée aux arts..............	1 seul cours.
Arts chimiques.	Chimie générale....... Chimie industrielle..... Teinture, céramique et verrerie............	3 cours.
Agriculture....	Chimie agricole........ Agriculture........... Travaux agricoles et génie rural..............	3 cours.
Sciences économiques et législation....	Économie politique et législation industrielle.. Économie industrielle et statistique..........	2 cours.

Depuis trente-cinq ans, c'est-à-dire pendant la plus grande durée du second Empire et pendant tout le régime actuel, une seule chaire nouvelle, celle de droit commercial, portant à trois le nombre de celles qui sont consacrées à la législation et aux sciences économiques, a été créée. Et cependant, si l'on examine attentivement le tableau qui précède, on ne peut manquer d'être frappé de l'insuffisance du nombre des cours techniques, notamment dans les deux branches de la mécanique et de la physique, dont les progrès ont été si considérables pendant la période relativement longue comprise entre 1854 et 1889. Il suffirait de citer les industries des chemins de fer, de l'électricité, de la photographie, et enfin celle de la métallurgie qui se rattache à la fois aux arts chimiques et aux arts de la construction et dont les précieuses trouvailles devraient être répandues le plus promptement possible dans l'intérêt de tous ceux qui travaillent les métaux et qui sont si nombreux dans le quartier même du Conservatoire.

Enfin, il n'est pas moins important de remarquer que l'art industriel ne figure nulle part dans l'enseignement supérieur et que la place d'une chaire de cette nature serait toute marquée au Conservatoire des arts et métiers.

Nous ne croyons pas pouvoir entrer ici dans d'autres détails, mais nous sommes autorisé, par la comparaison des dates et des nombres de chaires créées depuis soixante-dix ans, à signaler à tous les intéressés, depuis les pouvoirs publics jusqu'aux manufacturiers, aux constructeurs et aux ouvriers qui veulent s'instruire, la nécessité de mettre le Conservatoire au niveau de la science actuelle et des nouveaux besoins qu'elle a fait naître. Les chaires dont l'utilité immédiate est reconnue par tout le monde sont celles de métallurgie, comprenant le travail des métaux et une seconde chaire de mécanique, dont le programme devrait être arrêté de façon à soulager et à compléter les cours actuels de physique et de mécanique. La troisième chaire, à laquelle un grand nombre d'excellents esprits attachent une haute importance, serait celle qui serait consacrée à l'enseignement de l'art industriel ou du dessin appliqué à l'industrie.

Nous n'avons pas à entreprendre, dans cette introduction, un historique des difficultés qu'a présentées, depuis près d'un siècle, l'installation des collections qui constituent le musée industriel peut-être le plus riche que l'on ait encore formé, dans des bâtiments qui n'étaient pas appropriés à cette destination et dont la solidité est sérieusement compromise. On a vu que l'une des préoccupations des fondateurs du Conservatoire avait été de trouver un local suffisant pour mettre à l'abri «l'immense et inappréciable quantité d'objets accumulés». Nous avons voulu nous rendre compte, par comparaison, de l'importance des augmentations successives des collections du Conservatoire, depuis son origine chez Vaucanson jusqu'en 1889, afin de faire toucher du doigt la nécessité de ne pas perdre de vue une situation grosse de périls, si l'on n'y apportait pas un prompt remède.

En 1783, la collection de Vaucanson comprenait 60 machines principales, au premier rang desquelles figuraient ses moulins à soie.

En 1787, le dépôt renfermait 220 machines importantes.

En 1799, lors de la première installation dans les bâtiments du couvent du prieuré de Saint-Martin-des-Champs, la collection se composait de 495 objets ou séries d'objets. C'est à cette collection que Grégoire fait allusion en la qualifiant d'*immense et inappréciable quantité d'objets accumulés.*

En 1807, les machines qui appartenaient à l'Académie des sciences furent portées au Conservatoire; Ferdinand Berthoud légua à cet établissement sa collection de machines et d'outils d'horlogerie.

En 1814, le cabinet de physique de Charles vint, avec l'autorisation du Gouvernement, accroître les richesses du Conservatoire.

En 1817-1818, on publia le premier catalogue des collections, comprenant 3,279 numéros.

En 1841-1842, une commission de savants et d'ingénieurs, chargée du récolement et de la classification, en releva 4,473.

En 1849-1850, ce nombre s'éleva à 4,686; l'augmentation de plus de 200 numéros était due en grande partie à la translation de la collection des poids et mesures effectuée en mai 1848, du Ministère de l'agriculture et du commerce au Conservatoire.

Au 1er janvier 1869, il existait 8,669 objets ou séries d'objets provenant principalement de nouveaux dons de l'Académie des sciences, de la Société d'encouragement, de la Chambre de commerce de Paris, et de ceux qui avaient été faits à la suite des Expositions universelles de 1851, 1855, 1862 et 1867. Un assez grand nombre d'acquisitions importantes avaient été également faites à l'aide de crédits spéciaux accordés au Conservatoire à l'occasion de ces expositions.

Au 1er janvier 1880, l'inventaire portait à 9,830 le nombre des objets ou séries d'objets répartis dans les diverses galeries.

Au 1er janvier 1889 enfin, ce nombre s'élève à 11,703 numéros; ce qui correspond à un nombre d'objets beaucoup plus considérable, car le même numéro comprend souvent plusieurs objets.

Il convient d'ajouter que, pendant la dernière période, des dons importants et nombreux ont été faits aux collections par les fabricants, les constructeurs et par de riches amateurs.

Il nous semblerait bien superflu d'insister sur des chiffres qui sont si éloquents par eux-mêmes, mais nous ne pouvons nous dispenser de rappeler que le Conservatoire contient encore le dépôt des brevets d'invention expirés, les marques de fabrique, des collections de brevets étrangers, un portefeuille industriel d'un intérêt historique inappréciable, une magnifique bibliothèque de plus de 32,000 volumes, des laboratoires de physique et de chimie, un laboratoire d'électricité récemment créé, et les principaux éléments d'un laboratoire de mécanique, qui devait être entièrement installé et ouvert en même temps que l'Exposition universelle, mais dont la construction a été retardée ainsi que l'achèvement d'une galerie nouvelle et la restauration de la plus grande des galeries actuelles, par des contretemps on ne peut plus regrettables et qui, s'ils se reproduisaient, pourraient avoir des conséquences irréparables.

C'est un moyen trop souvent employé et qui nous répugne absolument que d'invoquer l'exemple qui nous est donné maintenant par les étrangers, auxquels nous avons pendant si longtemps servi de modèle. Nous ne devons pas avoir besoin de cet excitant pour faire ce que nous commande impérieusement notre intérêt. Nous terminerons donc ces réflexions en reproduisant un des paragraphes déjà cités du rapport de Grégoire :

« Les fonds nécessaires à la mise en activité de cet établissement sont un argent placé à un haut intérêt, par l'influence qu'ils ont sur l'industrie nationale ».

Le Gouvernement républicain ne saurait se montrer moins empressé que les Gouvernements monarchiques qui, surtout de 1819 à 1854, ont manifesté la plus grande sollicitude pour le développement d'une institution éminemment démocratique, que l'on doit en même temps considérer comme l'une de celles qui répondent le plus directement aux besoins de notre temps.

Le Conseil de perfectionnement du Conservatoire et la Direction de cet établissement, en publiant le présent Recueil, ne pouvaient manquer de signaler le temps d'arrêt qui dure depuis trente-cinq ans dans le mouvement si remarquable qui s'était produit et entretenu pendant les trente-cinq années précédentes ; et cela, en dépit des demandes réitérées qu'ils ont respectueusement adressées aux représentants du Gouvernement pour compléter les programmes de l'enseignement des sciences appliquées à l'industrie. La Direction a cru qu'il était également de son devoir de saisir cette occasion pour appeler l'attention publique sur l'insuffisance désormais trop bien constatée des bâtiments de notre principal musée industriel.

La mise en ordre des documents qui suivent est due à M. Masson, ingénieur du Conservatoire, qui a compulsé avec le plus grand soin les archives dans lesquelles ils se trouvaient mêlés à un grand nombre de pièces dont la plupart sont intéressantes mais ne rentrent pas dans le cadre qui nous était tracé.

Le Directeur
du Conservatoire national des arts et métiers,

A. Laussedat.

I

ORIGINES,

INSTITUTION ET ORGANISATION GÉNÉRALE.

RAPPORT

PRÉSENTÉ AU ROI LOUIS XVI PAR JOLY DE FLEURY, CONTRÔLEUR GÉNÉRAL DES FINANCES, EN VUE DE LA CRÉATION, À L'HÔTEL DE MORTAGNE, D'UN DÉPÔT PUBLIC DE MODÈLES DES MACHINES PRINCIPALEMENT USITÉES DANS LES ARTS ET LES FABRIQUES.

(Du 2 août 1783.)

Votre Majesté a reçu avec bonté l'hommage que la dame DE SALVERT, fille du sieur VAUCANSON, lui a présenté conformément au testament de son père de toutes les machines qui se trouvoient dans les ateliers de ce célèbre inventeur.

Votre Majesté en a ordonné le partage entre l'Académie des sciences, qui conservera le dépôt des machines et inventions de pure curiosité, et le Ministre des Finances, qui doit conserver sous sa main et sous l'inspection des intendants du Commerce les inventions utiles aux manufactures.

Les principales sont relatives à la fabrication de la soie; elles sont encore susceptibles de perfection : un fabricant de Provence vient de le prouver; elles sont d'un prix trop cher; le sieur VAUCANSON s'occupoit des moyens de proportionner la dépense de ses moulins à soie aux facultés des petites fabriques.

Il avoit commencé une collection des machines et ustensiles connus, mais d'un usage trop rare. Son projet étoit de permettre aux ouvriers de confiance de les employer en faveur du public. On a trouvé entre autres un tour sur lequel on a tourné avec la plus grande exactitude un cylindre de cuivre du poids de 860 livres.

Cette collection déjà si précieuse pourroit être augmentée d'un grand nombre de machines employées avec succès en Angleterre et en Hollande, et qu'il seroit bon de mettre sous les yeux de nos artistes.

On y feroit exécuter les machines des auteurs récompensés par le Gouvernement et celles dont l'Administration jugeroit l'exécution propre à fournir de nouvelles vues.

On y placeroit les modèles des machines principalement usitées dans les arts et les fabriques.

Un dépôt public de cette espèce instruiroit, encourageroit ceux qui se sentent du goût et du talent pour l'invention des machines; il exciteroit les capitalistes à former des spéculations sur le produit des machines nouvelles.

C'étoit en partie le plan du sieur Vaucanson qui avoit loué à vie l'hôtel de Mortagne et qui l'avoit fait disposer pour cet usage [1].

Des vues d'une pareille importance ne doivent pas être abandonnées. Suivant le vœu et le témoignage de MM. les intendants du Commerce, elles pourroient être confiées au sieur Vandermonde, de l'Académie des sciences, que Votre Majesté nommeroit gardien de ce dépôt [2].

Il seroit établi à l'hôtel de Mortagne conformément au projet du sieur Vaucanson, et l'acquisition en seroit faite pour le compte de Votre Majesté. Cet hôtel étoit loué 4,000 livres; le prix ne peut

---

[1] Descartes avait, au siècle précédent, conçu une idée analogue à celle de Vaucanson, ainsi qu'en témoigne la citation suivante, insérée dans une notice sur le Conservatoire des arts et métiers, que publia Christian, son directeur, en tête de la première édition (1817-1818) du catalogue des collections de cet établissement :

«Le projet de Descartes (M. d'Alibert, un de ses amis, avait promis d'y consacrer une partie de ses immenses richesses) allait à faire bâtir, dans le Collège royal et dans d'autres lieux que l'on aurait consacrés au public, diverses grandes salles pour les artisans; à destiner chaque salle pour chaque corps de métiers; à joindre à chaque salle un cabinet rempli de tous les instruments mécaniques nécessaires ou utiles aux arts qu'on y devait enseigner; à faire des fonds suffisants, non seulement pour fournir aux dépenses que demanderaient les expériences, mais encore pour entretenir des maîtres ou professeurs dont le nombre aurait été égal à celui des arts qu'on y aurait enseignés. Ces professeurs devaient être habiles en mathématiques et en physique, afin de pouvoir répondre à toutes les questions des artisans, leur rendre raison de toutes choses, et leur donner du jour pour faire de nouvelles découvertes dans les arts.»

[2] Très peu de temps après la mort de Vandermonde, et par décision du Ministre de l'intérieur prise dans le courant de nivôse an IV (janvier 1796), C.-P. Molard fut chargé de la conservation du *Cabinet des machines de Vaucanson*, comme y ayant été précédemment attaché pendant plus de huit années consécutives en qualité de démonstrateur.

pas en être bien fort, et en l'acquérant on éviteroit les frais et le danger du transport des machines qui s'y trouvent déjà placées.

Le sieur Vandermonde seul y auroit son logement; c'est tout le prix qu'il demande pour garder et perfectionner le dépôt.

Il s'y trouve deux ouvriers du sieur Vaucanson, un serrurier et un menuisier, qui sont très précieux à conserver[1]. En leur donnant 400 livres de gratification une fois payée et l'assurance d'une pension de 50 écus à condition de former des élèves, on conserveroit, on perfectionneroit les connaissances qu'ils ont acquises.

Une somme de dix mille livres, employée annuellement sous la direction du sieur Vandermonde à l'achat des machines, au payement des ouvriers, pourroit remplir tout l'objet d'un pareil établissement. L'emploi de cette somme seroit délibéré et justifié dans la forme la plus propre à y faire influer principalement les intendants du Commerce et le contrôleur général des Finances; et la dépense pourroit se partager entre le Trésor royal et la caisse du Commerce, en cas que celle-ci s'en trouve surchargée.

Enfin Votre Majesté fixeroit par un règlement les jours et la manière d'ouvrir ce dépôt au public.

Votre Majesté, en approuvant cet arrangement, aura donné une nouvelle marque de protection au Commerce et aux Arts[2].

---

[1] Le serrurier se nommait Rosa, le menuisier, Bulot.

[2] La copie de ce rapport appartenant aux archives du Conservatoire des arts et métiers se termine par les mots et la mention qui suivent :

«De la main du Roi : *Approuvé*.

«Conforme à la minute restée au dépôt du Comité des Finances».

DÉCRET[1]

PORTANT NOMINATION DES MEMBRES DE LA COMMISSION TEMPORAIRE DES ARTS[2], CHARGÉE D'INVENTORIER ET DE RÉUNIR DANS DES DÉPÔTS CONVENABLES[3] LES LIVRES, INSTRUMENTS, MACHINES ET AUTRES OBJETS DE SCIENCES ET ARTS PROPRES À L'INSTRUCTION PUBLIQUE[4].

(Du 22 pluviôse an II – 10 février 1794.)

Article premier. — Les membres de la Commission temporaire des Arts, adjoints au Comité d'instruction publique et chargés d'inventorier et de réunir dans des dépôts convenables les livres, instruments, machines et autres objets de sciences et arts propres à l'instruction publique, sont les citoyens dont la liste suit :

Pour inventorier les collections d'histoire naturelle, de botanique, de zoologie et de minéralogie, les citoyens Lamarck, Thouin, Desfontaines, Gillet, Laumont, Besson, Lelièvre, Nitot;

Pour inventorier les instruments de physique, d'astronomie et autres, les citoyens Fortin, Charles, Lenoir, Dufourny, Janvier, horloger;

---

(1) Ce décret a été adopté par la Convention nationale sur le rapport de ses Comités d'instruction publique et des finances.

(2) Après avoir, par décret en date du 18 octobre 1792, fondu en une seule les commissions établies par l'Assemblée constituante et l'Assemblée législative pour la conservation des monuments des arts et des sciences, la Convention avait, le 28 frimaire an II (18 décembre 1793) et sur le rapport de son Comité d'instruction publique, prescrit la suppression de cette commission et de toutes autres semblables, en y substituant une commission nouvelle, qui devait être organisée plus tard : c'est précisément celle dont la composition va être indiquée.

(3) *Voir*, ci-après, les pages 8 à 12, la note 1 de la page 19, les pages 31 et suivantes et la page 41.

(4) *Voir* ci-après, pages 8 et suivantes, le texte d'un rapport présenté à cette commission par C.-P. Molard, concernant les dispositions à prendre en vue de la conservation des objets ainsi réunis.

Pour inventorier les dépôts et laboratoires de chimie, les citoyens Pelletier, Vauquelin, Leblanc, Berthollet;

Pour inventorier les cabinets d'anatomie, les citoyens Thillaye, Fragonard, anatomiste; Vicq d'Azyr, Corvisart, Portal;

Pour inventorier toutes les machines d'arts et métiers appartenant à la République, les citoyens Molard, Hassenfratz, Vandermonde;

Pour inventorier les objets qui concernent la marine et les cartes, imprimées ou manuscrites, de géographie, les citoyens Adet, Monge, Buache;

Pour inventorier les plans, machines de guerre et tout ce qui concerne les fortifications, les citoyens Beuvelot, Dupuy;

Pour inventorier les antiquités et médailles, les citoyens Leblond et Mongez;

Pour inventorier les bibliothèques, diriger et surveiller la confection des catalogues, les citoyens Langles, Ameilhon, Barrois l'aîné, Poirier;

Pour inventorier les instruments de musique anciens, étrangers, ou des plus rares par leur perfection entre les instruments connus et modernes, les citoyens Sarrette et Bruni.

Art. 2. — Les citoyens chargés de ces divers inventaires seront tenus de se munir de certificats de civisme.

Art. 3. — Chacun des membres composant la Commission temporaire des arts sera indemnisé à raison de 2,000 livres par an.

Art. 4. — Ceux de ses membres qui reçoivent un salaire pour d'autres travaux publics ou emplois seront tenus d'opter.

Art. 5. — Les membres du Conservatoire du Muséum national[1] font partie de la Commission temporaire des arts.

---

[1] Par décret en date du 27 nivôse an II (16 janvier 1794), rendu sur le rapport de ses Comités d'instruction publique et des finances, la Convention nationale avait remplacé la Commission précédemment organisée du Muséum de la République par un *Conservatoire du Muséum des arts*, composé de dix membres répartis, comme suit entre quatre sections :

Peinture. — Fragonard, Bonvoisin, Lesueur, Picault;

Sculpture. — Dardel, Dupasquier;

Architecture. — David Leroi, Launoy;

Antiquité. — Wicar, Varon;

RAPPORT

DE C.-P. MOLARD À LA COMMISSION TEMPORAIRE DES ARTS ADJOINTE AU COMITÉ D'INSTRUCTION PUBLIQUE [1], CONCERNANT LES DISPOSITIONS À PRENDRE EN VUE DE LA CONSERVATION DES OBJETS DE SCIENCES ET ARTS RÉUNIS DANS DES DÉPÔTS CONVENABLES PAR LADITE COMMISSION [2].

(Du 30 thermidor an III – 17 août 1795 [3].)

La Commission, sans cesse occupée de l'exécution de tous les décrets concernant la conservation des monumens des objets de sciences et d'arts, de leur transport et de leur réunion dans des dépôts convenables, nous a demandé, à NAIGEON et à moi, un projet de plan d'organisation de tous les dépôts qu'elle a déjà formés; ou pour mieux dire, les moyens de mettre à exécution les articles de son règlement concernant la conservation, dans les dépôts, de tous les objets qu'elle y aura mis en réserve pour l'instruction publique, afin que, pendant tout le temps qu'ils seront soumis à sa surveillance, toute dilapidation devienne impossible.

Les divers moyens de conservation qu'il convient d'ajouter au règlement concernant principalement les devoirs des agents responsables, ou les conservateurs, que la Commission aura nommés pour les dépôts, ces devoirs seront les mêmes pour tous, puisqu'il s'agit dans chaque dépôt de veiller à la conservation des objets, de quelque nature qu'ils soient.

---

(1) *Voir* ci-dessus, pages 6 et 7.

(2) Les archives du Conservatoire possèdent de ce rapport et du plan d'organisation qui l'accompagne (*voir* ci-contre, pages 9 à 12) une ampliation adressée au portier du *Dépôt national de physique et des machines* de la rue de l'Université.

(3) Bien que ce document soit d'une date postérieure à celle de la loi qui a institué le Conservatoire des arts et métiers (*voir* ci-après, pages 13 à 15), on a cru devoir, dans un intérêt de clarté, l'insérer immédiatement à la suite du décret de nomination de la Commission temporaire des arts.

ORGANISATION DES DEPÔTS SUIVANS,

Savoir :

1° Des marbres et monumens........	Petits-Augustins;
2° De peinture et sculpture..........	rue de Beaune;
3° De physique et machines.........	rue de l'Université, 296;
4° De musique et instrumens de cet art..	rue Bergère.

N. B. — L'organisation des dépôts littéraires a déjà été présentée à la Commission par la section de bibliographie, et acceptée.

Nombre des personnes nécessaires pour chaque Dépôt.

1 portier, 1 gardien et 1 conservateur.

Ces trois personnes seront logées dans la maison du dépôt : leurs appointemens seront annuels et suivant qu'ils ont été fixés par la Commission, savoir :

Pour le portier........................	1,000 francs.
Pour le gardien........................	1,500
Pour le conservateur....................	3,000

Du portier, et de ses devoirs.

1° Il sera choisi par le conservateur, présenté par lui à la Commission et agréé par elle.

2° Le portier aura soin de maintenir la propreté du devant de la porte, comme il est d'usage, et de l'intérieur des cours, de balayer les passages, les corridors et les escaliers.

3° Il ne laissera entrer personne dans l'intérieur du dépôt sans prévenir le conservateur, et, en son absence, il prendra par écrit le nom et la nature de la demande de la personne qui se présentera, si elle le juge convenable.

4° Dans tous les cas, le portier ne laissera sortir aucun objet du dépôt, sans un ordre particulier du conservateur, indiquant la nature de l'objet, ou que le conservateur l'accompagne lui-même.

5° Les fonctions du portier étant de la plus grande importance pour la sûreté du dépôt, il est nécessaire que son attention ne puisse cesser pendant un seul instant. Tout portier qui se sera absenté sans en prévenir le conservateur ou le gardien, sera dans le cas d'être renvoyé.

Du gardien, et de ses devoirs.

6° Le choix en sera fait par le conservateur, qui le proposera à la Commission, après en avoir conféré avec les membres de la section que le dépôt concerne.

7° Le gardien sera l'agent de confiance du conservateur.

8° Il s'occupera particulièrement du maintien de la propreté intérieure de tout le dépôt; il aura soin de fermer exactement toutes les entrées, de remettre constamment les clefs dans le lieu indiqué par le conservateur.

9° Il n'introduira personne dans les salles du dépôt, sans la permission du conservateur.

10° En général, le gardien exécutera tous les travaux utiles au dépôt, que le conservateur lui indiquera.

11° Il ne découchera point sans une permission du conservateur et sera toujours rentré dans les heures convenables.

Du conservateur, et de ses devoirs.

12° Le conservateur sera choisi, et présenté à la Commission, par les sections que le dépôt concerne plus particulièrement.

13° Ses fonctions seront d'exécuter les articles du Règlement qui ont pour objet la conservation dans les dépôts; il se conformera aux dispositions qui y sont dictées, ainsi que dans l'Instruction.

Articles extraits du règlement, qui sont maintenus avec quelques amendemens.

«ART. 21.

14° «Les membres de chaque section surveilleront, dans les dépôts, les travaux de réparation et de conservation qui seront de leur ressort. Lorsque la somme à dépenser excédera celle de 400 francs, il ne sera pris aucun parti définitif sans que le Comité d'instruction publique ait été consulté sur l'utilité du travail à faire. En général, aucunes dépenses pour la réparation, ou la conservation des objets, ne seront faites sans que la Commission des arts les ait autorisées par une délibération, et sans qu'il ait été préalablement reconnu que lesdits objets ont, soit par leur rareté, soit en eux-mêmes, trois fois au moins la valeur des frais qu'ils pourront occasionner. »

« ART. 22.

15° « Aucuns artistes ne pourront être employés à ces sortes de réparations s'ils n'ont été présentés par la section, ou par les sections que ces travaux concernent, à la Commission temporaire des arts et agréés par elle. »

« ART. 23.

16° « Les conservateurs tiendront registre des objets qu'ils auront reçus, sous leur responsabilité, avec indication du lieu d'où ils auront été tirés, de la date de leur enlèvement et de celle de leur réception. »

« ART. 24.

17° « Lesdits conservateurs correspondront immédiatement avec la Commission des arts : ils l'informeront des accidents qui seront arrivés dans les transports, et ils lui remettront, à chaque décadi, un état signé d'eux, portant la liste des objets qui, pendant la décade, auront été confiés à leurs soins. »

« ART. 25.

18° « Les conservateurs entretiendront l'ordre et la propreté dans les dépôts. Ils placeront les objets de la manière la plus convenable pour en assurer la conservation : ils veilleront à ce que ni l'humidité, ni l'ardeur du soleil ne puisse les atteindre ; ils tiendront toujours les petits objets, dont la distraction serait facile, renfermés dans des armoires dont eux seuls auront la clef ; et il leur sera remis un exemplaire de l'instruction rédigée par la Commission des arts, et adoptée par le Comité d'instruction publique, à laquelle ils seront tenus de se conformer. »

« ART. 26.

19° « Ils ne permettront le déplacement d'aucun objet, sans en avoir reçu l'ordre de la part des autorités constituées, ou du Comité d'instruction publique, et ils ne manqueront point alors d'en prévenir la Commission des arts.

« Le transport d'un objet d'un dépôt dans un autre pourra s'effectuer par les membres des sections qui en ont fait l'inventaire, sans aucun ordre particulier : les conservateurs en préviendront également la Commission des arts. »

« ART. 27.

20° « Les citoyens attachés au service de chaque dépôt recevront leurs salaires sur une attestation du conservateur, dans laquelle leur résidence à leur poste et leur exactitude à remplir leurs devoirs seront par lui certifiées. »

Signé : MOLARD.

Adopté le 30 thermidor [1].

Pour copie conforme :
Le Secrétaire général,
Signé : OUDRY.

---

[1] 17 août 1795.

LOI

PORTANT ÉTABLISSEMENT À PARIS D'UN CONSERVATOIRE DES ARTS ET MÉTIERS.

(Du 19 vendémiaire an III - 10 octobre 1794.)

La Convention nationale,

Après avoir entendu le rapport de ses Comités d'agriculture, des arts et d'instruction publique,

Décrète :

Article premier. — Il sera formé à Paris, sous le nom de *Conservatoire des arts et métiers,* et sous l'inspection de la Commission d'agriculture et des arts [1], un dépôt de machines, modèles, outils, dessins, descriptions et livres dans tous les genres d'arts et métiers. L'original des instruments et machines inventés ou perfectionnés sera déposé au Conservatoire.

Art. 2. — On y expliquera la construction et l'emploi des outils et machines utiles aux arts et métiers.

---

(1) Par décret rendu sur le rapport de Carnot, au nom du Comité de salut public et à la date du 12 germinal an II (1er avril 1794), le Conseil exécutif provisoire ainsi que les six Ministres qui le composaient avaient été supprimés et remplacés par douze Commissions que nommerait la Convention et qui seraient subordonnées au Comité de salut public.

L'une d'entre elles, la Commission d'agriculture et des arts, dont il est ici question, comprit tout d'abord deux commissaires et un adjoint; elle fut formée le 29 germinal an II (18 avril 1794) de Brunet, à qui l'éminent chimiste Berthollet succéda le troisième jour complémentaire (19 septembre) de la même année, et de Gateau et Thuillier, que Lhéritier jeune remplaça seul à partir des derniers jours de brumaire an III (16-19 novembre 1794).

La Commission d'instruction publique, visée dans l'article 9 ci-après et dont, à l'origine, firent partie Payan, Julien et Fourcade, fut composée, le 26 fructidor an II (12 septembre 1794), de Garat, Ginguené et Clément, et réduite, le 2 fructidor suivant (19 août 1795), à Ginguené, seul commissaire.

Art. 3. — La Commission d'agriculture et des arts, sous l'autorisation du Comité[1] avec lequel elle est en relation, transmettra partout, quand elle le jugera utile à la République, tous les moyens de perfectionner les arts et métiers, par l'envoi de descriptions, dessins et même par des modèles.

Art. 4. — Le Conservatoire des arts et métiers sera composé de trois démonstrateurs et d'un dessinateur[2].

Art. 5. — Les membres du Conservatoire des arts et métiers seront nommés par la Convention nationale, sur la présentation du Comité d'agriculture et des arts[3].

Art. 6. — Il sera attribué à chacun une indemnité annuelle de quatre mille livres.

Art. 7. — Les dépenses de cet établissement seront prises sur les sommes qui sont mises à la disposition de la Commission d'agriculture et des arts.

Art. 8. — Les membres du Conservatoire présenteront à la Commission d'agriculture et des arts un projet de règlement pour la discipline intérieure et l'ouverture de cet établissement[4]. Ce règlement sera soumis à l'approbation définitive du Comité d'agriculture et des arts.

Art. 9. — La Commission d'agriculture et des arts, et celle de l'instruction publique[5] feront rédiger au plus tôt et publier les

---

(1) La loi du 7 fructidor an II (24 août 1794) avait, en réglant leurs attributions, réorganisé les Comités de la Convention nationale; au nombre de ces Comités, renouvelables par quart tous les mois, figuraient ceux d'agriculture et des arts, d'instruction publique et des finances, respectivement composés de douze, seize et quarante-huit membres.

(2) Les trois démonstrateurs et le dessinateur nommés à l'origine furent Vandermonde, J.-B. Le Roy, Conté et Beuvelot.

(3) *Voir* la note 1 ci-dessus.

(4) Ce projet de règlement, dont on trouvera le texte aux pages 16 à 27 ci-après, dut être soumis à l'approbation du Ministre de l'intérieur, dans les attributions duquel avait été placé le Conservatoire des arts et métiers à partir du jour où, vers la fin de l'an III (septembre 1795) et à la veille de se séparer, la Convention avait rétabli les Ministères et supprimé de fait les Commissions instituées par le décret précité du 12 germinal an II (1er avril 1794).

(5) *Voir* la note de la page 13 ci-dessus.

découvertes consignées dans les rapports du Bureau de consultation des arts[1], du Lycée des arts, dans les manuscrits de la ci-devant Académie des sciences, dans les cartons de l'ancienne administration du Commerce, et dans les divers ouvrages qui offriront pour cet objet des matériaux utiles.

Art. 10. — Le Comité d'agriculture et des arts se concertera avec celui des finances pour le choix du local où sera placé le Conservatoire des arts et métiers[2].

Art. 11. — La Commission d'agriculture et des arts est chargée de prendre au plus tôt les mesures nécessaires pour l'exécution du présent décret.

Visé par le représentant du peuple, inspecteur aux procès-verbaux.

Signé : S.-E. Monnel.

Collationné à l'original, par nous président et secrétaires de la Convention nationale. A Paris, le 21 vendémiaire, an troisième de la République française, une et indivisible[3].

Signé : Cambacérès, *président;* Boissy, P. Lozeau, *secrétaires.*

---

[1] Les membres du Bureau de consultation des arts et métiers institué en vertu des lois des 12 septembre et 16 octobre 1791 avaient été maintenus en fonctions par décret de la Convention nationale en date du 4 janvier 1793.

[2] Ce choix a été définitivement déterminé par la loi du 22 prairial an vi (10 juin 1798), dont on trouvera le texte aux pages 41 et 42 ci-après.

[3] 12 octobre 1794.

RÈGLEMENT

POUR L'ORGANISATION GÉNÉRALE ET LA DISCIPLINE INTÉRIEURE DU CONSERVATOIRE DES ARTS ET MÉTIERS.

(Du 15 thermidor an IV – 1er août 1796 [1].)

TITRE PREMIER.

ADMINISTRATION ET POLICE INTÉRIEURE DU CONSERVATOIRE DES ARTS ET MÉTIERS.

Article premier. — Les membres du Conservatoire des arts et métiers sont seuls chargés de l'administration intérieure de cet établissement.

Ils se rassembleront deux fois par décade, ou plus souvent, selon les circonstances, pour délibérer sur tous les objets relatifs au Conservatoire, et sur les moyens de perfectionner les arts et métiers.

Art. 2. — Les membres du Conservatoire nommeront, parmi eux, tous les ans, dans le courant de fructidor, un président qui entrera en fonction le premier vendémiaire suivant [2]. Le président pourra être continué dans ses fonctions une seconde année seulement.

Art. 3. — Dans la même séance où le président aura été nommé, les trois autres membres du Conservatoire choisissent entre eux :

1° Un secrétaire [2];

2° Un dépositaire des fonds affectés à l'établissement [2].

---

[1] Le projet de ce règlement portait la date du 23 prairial an IV (10 juin 1796) et les signatures de Le Roi, Molard, Beuvelot et Conté, membres du Conservatoire.

[2] On trouvera plus loin, pages 127 et 132, l'indication des changements survenus dans la composition du Conservatoire et le détail des formations successives de son bureau.

L'un et l'autre peuvent être continués.

Art. 4. — Les fonctions du président consistent principalement à faire exécuter toutes les dispositions arrêtées dans l'assemblée du Conservatoire, ainsi que les loi et règlement relatifs à cet établissement.

En cas d'absence ou de maladie, il pourra être remplacé provisoirement par celui des membres du Conservatoire qui ne sera point chargé des fonctions ni de secrétaire, ni de dépositaire des fonds.

Art. 5. — Les fonctions du secrétaire seront de tenir la plume dans les assemblées, de rédiger les procès-verbaux des séances, qui seront signés du président et de lui; de les inscrire sur un registre destiné à cet effet, de délivrer des copies collationnées de ces délibérations et d'avoir la garde des papiers, titres et registres du Conservatoire.

Art. 6. — Le dépositaire des fonds les recevra aux époques déterminées, et en fera la répartition suivant les états arrêtés et d'après l'autorisation du Conservatoire, en se conformant aux articles du règlement ci-après[1] concernant la comptabilité; sous sa surveillance et sa responsabilité, le secrétaire-commis l'aide dans ses fonctions.

Art. 7. — Les membres du Conservatoire des arts et métiers nommeront seuls, à la majorité absolue, tous les employés de cet établissement, et ils auront le droit de les destituer dans le cas de prévarication ou de négligence dans leurs fonctions.

Les employés pourront être suspendus provisoirement de leurs fonctions par le président, qui sera tenu d'en rendre compte à la plus prochaine assemblée du Conservatoire, et aucun employé ne pourra être destitué qu'à l'unanimité des voix et après avoir été entendu par le Conservatoire.

Art. 8. — Le président est spécialement chargé de rappeler à leur devoir ceux qui s'en écarteraient et d'instruire le Conservatoire des abus qui pourraient s'introduire à cet égard.

[1] *Voir*, aux pages 25 à 27, le titre VI «Fonds de dépenses du Conservatoire des arts et métiers».

IMPRIMERIE NATIONALE.

Art. 9. — Outre les assemblées qui auront lieu à jour fixe, deux fois par décade, le président pourra en convoquer d'extraordinaires, et il sera tenu de le faire sur la simple demande d'un des membres du Conservatoire.

Art. 10. — Quand une place de membre du Conservatoire des arts et métiers sera vacante, les autres membres de cet établissement nommeront, dans le délai d'un mois, un successeur, à l'unanimité des suffrages [1].

Art. 11. — Les membres du Conservatoire pourront être logés dans l'intérieur du local occupé par cet établissement, afin d'être plus à portée de remplir leurs fonctions; ils pourront même accorder un logement à ceux des employés dont les fonctions exigeront leur présence habituelle dans le Conservatoire, autant toutefois que l'étendue du local et la sûreté du dépôt pourront le permettre.

Tous les logements seront hors des galeries.

Art. 12. — Aucun changement ne pourra être fait dans la distribution des bâtiments que d'après une décision du Conservatoire, qui en constatera l'utilité, et sous l'autorisation du Ministre de l'intérieur. Tous les travaux de construction, d'entretien et de réparation des bâtiments seront soumis aux règles déterminées pour l'entretien des bâtiments civils sous la direction de la troisième division des bureaux du Ministre.

Tous les mémoires de dépenses relatives aux travaux ci-dessus seront soumis au visa du Conservatoire avant d'être soumis au Ministre.

Art. 13. — Le Conservatoire entretiendra, pour l'intérêt de l'établissement, une correspondance suivie avec les artistes, chefs d'ateliers, conservateurs de dépôts nationaux [2] et autres, dont les lumières et les talents pourront être utiles; cette correspondance aura lieu sous le couvert du Ministre de l'intérieur.

---

(1) *Voir* la note 2 de la page 16 ci-dessus.

(2) *Voir*, ci-dessus, les pages 6 et 8 et, ci-après, la note 1 de la page 19, les pages 31 et suivantes et la page 41.

TITRE II.

GALERIES [1].

Article premier. — Les dessins et modèles des machines devant aider à l'intelligence l'un de l'autre, ils seront placés ensemble dans les galeries et rangés dans un ordre méthodique qui en facilite l'étude et la démonstration.

Art. 2. — Ces divers objets, au moment de leur entrée dans les galeries, seront marqués d'un poinçon et les dessins d'une estampille, dont les figures sont jointes au présent règlement, et ils seront inscrits, en même temps, sur un registre contenant :

1° La date de leur entrée;

2° L'indication du lieu d'où ils auront été tirés;

3° Une courte description de chaque objet;

4° Les noms et demeures de l'inventeur, du constructeur, du donateur, lorsqu'ils seront connus, et le prix de chaque objet autant qu'il sera possible.

Art. 3. — Indépendamment des galeries, le Conservatoire établira dans des salles particulières, sous la surveillance d'un chef instruit dans la fabrication des étoffes, les machines et métiers qu'il est nécessaire de mettre en activité journellement, tant pour les conserver en bon état que pour en démontrer les effets et pro-

---

[1] Depuis le 19 vendémiaire an III (10 octobre 1794), date de l'institution de l'établissement, jusque vers le milieu de l'an VII (1799), époque de son installation dans les bâtiments de l'ancien prieuré de Saint-Martin-des-Champs, les membres du Conservatoire des arts et métiers s'occupèrent principalement de la recherche des modèles de machines et des instruments des arts, et de leur transport dans deux dépôts formés, l'un (*voir* ci-dessus, pages 3 à 5) à l'hôtel de Mortagne, rue de Charonne, par l'ancienne administration du Commerce, l'autre (*voir* ci-dessus, page 9), par la Commission temporaire des arts, à l'hôtel d'Aiguillon, rue de l'Université.

Le dépôt de l'hôtel de Mortagne, connu sous le nom de *Cabinet des machines de Vaucanson*, eut successivement pour conservateurs Vandermonde et C.-P. Molard; quant à celui de l'hôtel d'Aiguillon, il portait le titre de *Dépôt national de physique et des machines*, et la conservation en fut, dès l'origine, confiée à Molard par le Comité d'instruction publique de la Convention nationale et sur le rapport de la Commission temporaire des arts.

voquer le génie des artistes aux recherches des moyens de perfectionner nos manufactures[1].

Les produits de ces divers travaux seront employés au payement des ouvriers et à l'entretien de ces mêmes machines ou métiers.

Les membres du Conservatoire sont autorisés à faire tous les règlements de détails relatifs à cet objet.

Art. 4. — Des inscriptions générales indiqueront, dans les différentes parties des galeries, les grandes divisions des instruments des arts et métiers. On placera, de plus, près de chaque objet, une inscription portant le numéro relatif au catalogue et au recueil des dessins et descriptions, le nom de l'objet, celui de l'inventeur et du donateur et la date de l'invention autant qu'il sera possible.

Art. 5. — Les démonstrateurs seront chargés de l'arrangement des galeries du Conservatoire, et ils seront tenus de faire une description succincte de chaque objet, contenant le nom ou les divers noms qu'on lui donne dans les différents départements de la République, son principal usage, le résultat des expériences qui auraient été faites, les noms de l'inventeur et du donateur, s'ils sont connus.

Ces descriptions seront discutées dans l'assemblée des membres du Conservatoire et publiées en commun sous un titre général.

Art. 6. — Il y aura un concierge nommé par les membres du Conservatoire à la majorité absolue. Ses fonctions seront de garder le mobilier de cet établissement; il en répondra d'après un état double signé de lui, du président et du secrétaire; un exemplaire de cet état restera dans ses mains, l'autre sera déposé au secrétariat du Conservatoire des arts et métiers.

Art. 7. — Les galeries seront ouvertes au public les quintidi

---

[1] Il convient de rappeler ici l'allusion faite aux travaux de Jacquart dans la note de la page vi de l'introduction du présent Recueil, et d'ajouter que, d'après le rapport des membres du Conservatoire sur l'utilité de l'enseignement théorique et pratique de l'art de filer, par machines, le coton et autres matières dans tous les degrés de finesse, le Ministre de l'intérieur Chaptal décida, le 30 prairial an xii (17 juin 1804) qu'un local serait préparé le plus tôt possible dans le Conservatoire pour recevoir une *École gratuite de filature*.

Cette école a été supprimée à partir du 1er octobre 1814.

et les décadi, depuis dix heures jusqu'à deux. Tous les autres jours sont réservés aux études particulières des artistes français.

Art. 8. — Les démonstrateurs devant expliquer la construction et l'emploi des outils et machines utiles aux arts et métiers, conformément à la loi qui fixe l'établissement du Conservatoire [1], ils feront ces explications, soit dans les galeries, à côté des objets, soit dans une salle particulière, où chaque démonstrateur pourra faire transporter les objets dont il aura besoin, et, dans ce cas, il sera pris, par le Conservatoire, des précautions pour que ces objets ne soient ni égarés, ni détériorés.

Art. 9. — Les démonstrateurs du Conservatoire seront tenus de donner tous les renseignements nécessaires et de faire les rapports sur les inventions et perfectionnements concernant les arts et métiers, toutes les fois qu'ils leur seront demandés par le Gouvernement.

Art. 10. — Tous les ans, les démonstrateurs réunis fixeront les jours des explications et feront en sorte que les élèves qui se livrent à l'étude des arts mécaniques puissent y assister sans interrompre leurs cours ordinaires. Le programme de ces explications sera imprimé et affiché.

Art. 11. — Si une maladie ou une fonction publique, ou toute autre cause empêchait quelque membre du Conservatoire de remplir ses fonctions de démonstrateur aux jours déterminés, le Conservatoire aura soin de le faire remplacer provisoirement, soit par un de ses collègues, soit par tout autre artiste qu'il choisira. Il fixera en faveur du suppléant l'indemnité qui devra être prélevée sur les appointements du titulaire, lorsque l'absence de ce dernier ne sera pas occasionnée par une maladie.

TITRE III.

BIBLIOTHÈQUE.

Article premier. — Tous les livres et les manuscrits, dans tous les genres d'arts et métiers, seront réunis dans un même local et formeront la bibliothèque du Conservatoire.

---

[1] *Voir* ci-dessus, pages 13 à 15.

Art. 2. — Le titre de chacun de ces ouvrages, au moment de leur entrée dans le Conservatoire, sera inscrit sur un registre contenant : la date de leur entrée, le nom du dépôt ou magasin de librairie d'où ils auront été tirés et le prix qu'ils auront coûté.

Ils seront, en même temps, marqués d'une estampille portant le nom de l'établissement, et ceux de ces ouvrages dont on aura fait présent porteront le nom du donateur.

Art. 3. — Les membres du Conservatoire nommeront, à l'unanimité des suffrages, un bibliothécaire qui à l'étude de la bibliographie technique réunira la connaissance des langues étrangères, autant qu'il sera possible. Il aura séance et voix délibérative dans l'assemblée du Conservatoire.

Art. 4. — Le bibliothécaire sera chargé de faire, dans les bibliothèques nationales, les traductions et les extraits des ouvrages utiles aux arts et métiers que le Conservatoire ne pourra se procurer autrement.

Art. 5. — Il sera fait, chaque année, par les membres du Conservatoire des arts et métiers, une vérification générale de tous les livres qui composent la bibliothèque, afin de s'assurer que tous ces ouvrages sont bien conservés.

TITRE IV.

BUREAU DU DESSINATEUR [1].

Article premier. — Il sera établi, dans le local du Conservatoire des arts et métiers, un bureau particulier pour les dessinateurs attachés à cet établissement [2].

Art. 2. — Le dessinateur du Conservatoire aura à sa disposition les instruments et les matières nécessaires au travail du des-

---

[1] La dépêche du Ministre de l'intérieur Benezech portant approbation du présent règlement, contenait l'invitation de mettre sur-le-champ à exécution celles de ses prescriptions qui étaient relatives au bureau des dessinateurs et à l'atelier, pour l'établissement desquels il avait mis à la disposition des membres du Conservatoire tout ce qui composait l'atelier de perfectionnement, rue Saint-Marc, et l'ancien bureau des dessinateurs du Comité de salut public, transféré provisoirement rue de l'Université.

[2] *Voir* ci-contre, page 23, l'article 5 du même titre.

sin; il rendra compte de leurs emplois à l'assemblée du Conservatoire, aux époques qui auront été fixées.

Art. 3. — Il s'occupera particulièrement des dessins des divers instruments et machines concernant les arts et métiers que l'assemblée du Conservatoire lui indiquera; il en fera deux copies, dont une sera déposée dans les galeries, pour servir à l'explication des modèles, et l'autre sera déposée au secrétariat du Conservatoire. Les démonstrateurs s'occuperont en même temps des explications qui doivent accompagner chaque recueil de dessins.

Art. 4. — Le dessinateur du Conservatoire enseignera les règles du dessin concernant les objets d'arts mécaniques; le Conservatoire choisira et réglera le nombre des élèves français qui pourront y être admis habituellement, et prendra toutes les mesures de police intérieure qu'il jugera convenables.

Art. 5. — Le dessinateur du Conservatoire sera aidé dans ses travaux par deux dessinateurs adjoints, nommés par l'assemblée du Conservatoire, et lorsque les travaux l'exigeront, il pourra encore être appelé, momentanément, des dessinateurs auxiliaires; le traitement des uns et des autres sera fixé par le Conservatoire.

Art. 6. — Le travail des dessinateurs commencera chaque jour à dix heures du matin, et finira à quatre heures du soir durant tout le cours de l'année.

TITRE V.

ATELIER DU CONSERVATOIRE DES ARTS ET MÉTIERS [1].

Article premier. — L'atelier du Conservatoire sera composé d'un chef, d'un adjoint et de quinze ouvriers au plus, habituellement employés.

Art. 2. — Le Conservatoire pourra, au besoin, sous l'autorisation du Ministre de l'intérieur, appeler des ouvriers auxiliaires en nombre suffisant pour accélérer les travaux qui exigeraient une réunion plus considérable.

---

[1] *Voir* la note 1 de la page 22 ci-contre.

Art. 3. — Le Conservatoire nommera le chef de l'atelier et l'adjoint. Il les choisira parmi les artistes français qui auront donné des preuves d'intelligence dans la pratique des arts mécaniques.

Art. 4. — Le chef présentera les ouvriers nécessaires aux travaux de l'atelier; ils ne pourront être admis qu'après l'approbation du Conservatoire des arts et métiers.

Art. 5. — Les membres du Conservatoire auront la surveillance dudit atelier, ils fixeront en conséquence, et sur le rapport du chef, le traitement de chacun des ouvriers, conformément à leur capacité, et prendront toutes les mesures de détail et de police intérieure qu'ils jugeront utile d'adopter.

Art. 6. — La direction mécanique des travaux et la surveillance immédiate sont confiées au chef de l'atelier, chargé de la suite et des détails de l'exécution d'après les plans, descriptions ou modèles qui lui sont remis par le Conservatoire; il sera aidé dans ses fonctions par l'adjoint.

Art. 7. — Les membres du Conservatoire s'occuperont chaque mois de l'état des travaux à exécuter dans l'atelier pendant le mois suivant.

Art. 8. — Aucune construction ne pourra être entreprise à l'atelier du Conservatoire que sur des plans, descriptions ou modèles approuvés par le Conservatoire, ou simplement visés par lui dans le cas où les objets auront été commandés par le Gouvernement.

Art. 9. — Lorsqu'un ouvrier voudra quitter l'atelier, il sera tenu d'en prévenir le chef une décade au moins avant le jour de son départ. Il lui sera délivré un certificat du temps qu'il aura travaillé et de la manière dont il se sera comporté; ce certificat sera signé du chef de l'atelier et du président du Conservatoire.

Art. 10. — Le chef aura seul les clefs de l'atelier et des magasins en dépendant; il répond de l'emploi du temps que les ouvriers doivent au travail pendant les heures qui lui sont consacrées, et de leur conduite dans l'intérieur de l'atelier, ainsi que de l'emploi des outils et matières livrées sur ses ordres et dont l'état, signé de lui et du président du Conservatoire, sera déposé au secrétariat de cet établissement. Il demeurera pareillement dépositaire des objets construits à l'atelier jusqu'à leur destination définitive.

Art. 11. — Le chef étant comptable, envers le Conservatoire des arts et métiers, de tous les objets mentionnés en l'article précédent, il en dressera un état détaillé, à l'aide duquel les membres du Conservatoire pourront vérifier, à chaque instant, la quantité de matières employées et celle restant en magasin, ainsi que le nombre et la nature des objets qui auront été construits; il sera secondé, pour ce travail, par un aide-magasinier qui s'occupera, en même temps, des travaux de l'atelier.

Le chef instruira l'assemblée du Conservatoire des besoins de l'atelier, du progrès des travaux et de la conduite des ouvriers.

Art. 12. — L'atelier du Conservatoire ne sera ouvert qu'aux personnes qui doivent y travailler ou à celles qui en auraient obtenu la permission des membres du Conservatoire; le travail des ouvriers commencera à six heures du matin et finira à huit heures du soir, durant tout le cours de l'année.

TITRE VI.

FONDS DE DÉPENSES DU CONSERVATOIRE DES ARTS ET MÉTIERS.

Article premier. — Les dépenses du Conservatoire des arts et métiers devant être prises sur les sommes mises à la disposition du Ministre de l'intérieur, il sera fait une avance de la somme de 10,000 francs, valeur de 1790, pour acquitter toutes les dépenses dudit établissement pendant un mois entier. Cette avance sera délivrée à celui des membres du Conservatoire chargé de la comptabilité [1].

Art. 2. — Aucune dépense ne pourra être faite sans avoir été approuvée par l'assemblée du Conservatoire.

Le dépositaire des fonds payera toutes les quinzaines le traite-

(1) *Voir* la note 2 de la page 16 ci-dessus.

ment des membres du Conservatoire sur leur simple quittance; il payera, aux mêmes époques, les appointements des employés à l'année, sur des états émargés des parties prenantes et visés par le président du Conservatoire: tous les 9, 19 et 29 de chaque mois, il payera les ouvriers à la journée, sur des états pareillement émargés, certifiés par le chef de l'atelier et visés par le président du Conservatoire. Les fournisseurs et ouvriers à la pièce, porteurs de bons imprimés et signés du président, seront payés sur leur quittance.

Art. 3. — Le dépositaire des fonds fournira deux copies de son compte : l'une, pour être déposée au secrétariat du Conservatoire, et l'autre, à laquelle seront jointes les pièces justificatives, pour être remise au Ministre de l'intérieur à la fin de chaque mois et obtenir décharge et remplacement des sommes dépensées.

Art. 4. — Le bordereau des dépenses sera divisé comme il suit [1] :

1° Traitements des membres du Conservatoire, des employés à l'année et des ouvriers à la journée;

2° Dépenses pour l'entretien des galeries et achat de modèles:

3° Dépenses pour l'entretien de la bibliothèque et achats de livres;

4° Achats de papier, couleurs et autres objets nécessaires au bureau du dessinateur;

5° Achats d'outils et matières nécessaires à l'atelier;

6° Dépenses diverses ou extraordinaires.

---

[1] A la copie du présent règlement déposée dans les archives du Conservatoire est joint un résumé de dépenses s'élevant à la somme de 120,000 francs et divisé comme suit :

Pour les employés, ci	48,800 fr.
Pour les ouvriers, ci	18,000
Pour achats de matières, outils, machines, livres et autres objets, ci	53,200
Total général	120,000

Quant aux budgets ultérieurs de l'établissement, on trouvera, en ce qui concerne leur importance, des indications sommaires en note des pages 52, 58, 66 et 83 ci-après.

Le dépositaire des fonds sera aidé dans ses fonctions par un secrétaire-commis, chargé des détails de la comptabilité et de la tenue de tous les registres du Conservatoire des arts et métiers.

Art. 5. — Tous les trois mois, le Conservatoire présentera au Ministre le résumé des dépenses pour chaque division établie dans l'article précédent, auquel il joindra un rapport détaillé sur les progrès de l'établissement.

Art. 6. — Les membres du Conservatoire des arts et métiers sont autorisés à prendre toutes les mesures de détails qu'ils jugeront nécessaires pour assurer le bon emploi des fonds et établir dans toutes les parties d'exécution l'ordre et l'économie.

Vu et approuvé[1] par le Ministre de l'intérieur[2] le présent règlement pour la discipline intérieure du Conservatoire des arts et métiers, pour avoir sa pleine et entière exécution.

Paris, le 15 thermidor an IV de la République[3].

Signé : BENEZECH.

---

[1] *Voir* la note 1 de la page 16 ci-dessus.

[2] *Voir*, ci-dessus, la note 4 de la page 14 et, ci-après, pages 123 à 126, la liste chronologique des départements ministériels dans les attributions desquels a été placé le Conservatoire depuis le commencement de l'an IV (fin de 1795) jusqu'à l'époque actuelle (avril 1889).

[3] 1er août 1796.

RAPPORT

DE GRÉGOIRE AU CONSEIL DES CINQ-CENTS, DEMANDANT L'AFFECTATION, AU CONSERVATOIRE DES ARTS ET MÉTIERS, DE LA PLUS GRANDE PARTIE DES BÂTIMENTS ET DES TERRAINS DE L'ANCIEN DE SAINT-MARTIN-DES-CHAMPS [1].

(Du 26 floréal an VI – 15 mai 1798.)

Le 29 fructidor an IV [2], le Directoire exécutif adressa au Conseil des Cinq-Cents un message pour demander qu'une partie de la ci-devant abbaye Saint-Martin-des-Champs fût affectée au placement du Conservatoire des arts et métiers.

Le 14 vendémiaire an V [3], le Conseil des Cinq-Cents prit une résolution portant qu'il ne sera fait, *quant à présent, d'autres dépenses pour le Conservatoire que celles qui étaient nécessaires pour prévenir le dépérissement des instruments* [4].

Une sévère économie avait dicté cette disposition : mais le but était manqué :

1° Parce que, faute d'un local suffisant, on n'a pu mettre à l'abri de toute détérioration l'immense et inappréciable quantité d'objets accumulés;

---

[1] Le projet de résolution qui termine ce rapport fut approuvé par le Conseil des Cinq-Cents dans sa séance du 26 floréal an VI (15 mai 1798) et devint, après adoption par le Conseil des Anciens sur le rapport de Lebrun, la loi du 22 prairial an VI (10 juin 1798). — *Voir* ci-après, pages 41 et 42.

[2] 14 septembre 1796.

[3] 5 octobre 1796.

[4] Par cette résolution, le Conseil des Cinq-Cents, après avoir passé à l'ordre du jour sur la question d'affectation du prieuré de Saint-Martin au Conservatoire, suspendait le traitement des membres et employés de cet établissement et invitait l'Institut national à donner son avis sur les moyens les plus économiques de rassembler les instruments et machines du Conservatoire et d'en rendre le dépôt utile à la République.

2° Parce que les fonds nécessaires à la mise en activité de cet établissement eussent été un argent placé au plus haut intérêt, par l'influence qu'ils auraient eue sur l'industrie nationale.

Aussi, le 27 nivôse dernier[1], le Conseil des Anciens, en rejetant la résolution, ordonna l'impression du rapport du citoyen ALQUIER, rapport qui exprimait le regret le plus vif de ce qu'on éloignait l'organisation définitive de cet établissement : mais ce Conseil, n'ayant pas l'initiative, ne pouvait franchir l'obstacle[2].

Vous avez nommé une Commission nouvelle[3] pour vous pré-

---

[1] 16 janvier 1798.

[2] Le vote du Conseil des Anciens fut déterminé par cette double considération, qu'il était important d'affecter un local pour l'exposition des machines, et nécessaire de créer un Conservatoire qui prît soin d'instruire les artistes et les artisans, de veiller sur ces machines qui épargnent et doublent les efforts des hommes, et d'en inventer de nouvelles à l'aide desquelles l'industrie nationale pût au moins rivaliser avec l'industrie anglaise.

«Dans cette vaste collection», disait ALQUIER (voir DULAURE, *Histoire physique, civile et morale de Paris*, t. IV, p. 137; Paris, 1839), «dans cette vaste collection, qui n'aura pas d'égale en Europe, où l'histoire des découvertes de l'esprit humain sera écrite parmi les instruments de tous les arts, de toutes les professions, depuis les outils du *vannier* jusqu'au métier où sont tissées les étoffes les plus somptueuses; depuis le simple levier jusqu'à la machine à diviser de RAMSDEN, on distinguera ces modèles ingénieux et savants dont nous ont enrichis nos conquêtes. Ce sont de nobles et glorieux monuments de nos victoires, que les produits nombreux de cette contribution levée par nous en Hollande, en Allemagne, en Italie, sur le génie et l'invention des peuples que nous avons vaincus; mais, en se rappelant qu'on les doit à l'intrépidité de nos armées et aux talents de nos généraux, on n'oubliera pas qu'ils sont aussi le fruit des recherches savantes et du goût éclairé de plusieurs Français recommandables par leurs talents, et les noms de FAUJAS DE SAINT-FOND, de THOUIN, de DE WAILLY, de MONGE, de MOITTE et de BARTHÉLEMY, déjà si distingués dans les sciences et dans les arts éminents, seront connus encore et bénis dans l'atelier de l'artisan et chez l'habitant des campagnes, dont leurs soins auront perfectionné l'industrie et augmenté les jouissances.

«Hâtons-nous d'encourager et de favoriser nos artistes, si nous voulons n'avoir pas à redouter les ouvrages perfectionnés de nos voisins. Cette industrie dont se vantent les Anglais, ils nous la doivent, du moins quant à plusieurs objets d'une haute importance. Ils ont souvent profité, pour s'enrichir de nos découvertes, des refus impolitiques qu'a faits, à différentes époques, l'ancien Gouvernement, d'accueillir les inventions les plus utiles. Ainsi le *métier à bas*, inventé à Nîmes, le *balancier à frapper les médailles*, une *nouvelle matrice pour la monnaie*, un *nouveau métier à gaze*, et *l'art de teindre le coton en rouge*, leur furent portés par des inventeurs découragés dans notre patrie.»

[3] Composée de Joseph BONAPARTE, FABRE (de l'Hérault), LUMINAIS, MORTIMER-DUPARC et GRÉGOIRE.

senter un autre rapport à cet égard. Les membres qui la composent ont recueilli tous les renseignements propres à éclairer votre décision. La bienveillance avec laquelle vous les entendrez sera, pour la nation, un nouveau garant du zèle qui vous anime dans ce qui peut intéresser son bonheur.

Le Conservatoire des arts et métiers n'est pas une accumulation de machines inutiles. A quoi servirait, par exemple, de posséder en nature toutes les espèces de charrues ou de tours? Les machines qui ne sont pas nécessaires n'y existent qu'en dessins ou en descriptions, pour servir à l'histoire de l'art; mais on y rassemble toutes celles qui exécutent bien, qui exécutent promptement, et qui présentent la perfection ou le mieux appuyé, non sur des systèmes, mais sur des essais répétés qui en garantissent l'utilité.

D'après la loi de son institution, le Conservatoire réunit les instruments de tous les arts à l'aide desquels l'homme peut se nourrir, se vêtir, se loger, se défendre, établir des communications dans toutes les parties du globe.

Par le défaut de local, cette collection est disséminée dans trois dépôts :

Le premier est celui du Louvre[1] : il renferme les machines que Pajot d'Ons-en-Bray avait données à la ci-devant Académie des sciences, et celles qu'y avait ajoutées cette compagnie savante : on y a réuni la plupart des beaux modèles qui composaient la galerie des arts mécaniques du ci-devant duc d'Orléans.

Le second dépôt est celui de la rue de Charonne, composé de plus de cinq cents machines léguées en 1783 au gouvernement par le célèbre Vaucanson[2], à qui la reconnaissance nationale élèvera sans doute une statue, ainsi qu'à Olivier de Serres, à Bernard Palissy; c'est-à-dire à ceux qui furent en France les pères de l'agriculture, de l'industrie et de la chimie.

La collection de Vaucanson renferme des machines extrême-

---

[1] Les palais des Tuileries et du Louvre avaient été désignés, en 1791, pour la réunion de tous les monuments des sciences et des arts.

[2] *Voir*, ci-dessus, les pages 3 à 5 et la note de la page 19.

ment ingénieuses pour la préparation des matières filamenteuses, pour le cardage et la filature du coton, le moulinage des soies, les tissus de tout genre; des métiers à navette volante, à navette changeante, pour la fabrication des cordonnets et des rubans; des métiers à tricot sur chaîne, à tricot sans envers; des métiers pour les étoffes de diverses couleurs; des métiers pour fabriquer simultanément plusieurs pièces dans le même peigne. D'après ces modèles, quoique trop peu connus, les filatures de coton se sont déjà multipliées.

Un de ces métiers, inventé par Vaucanson dans un moment d'humeur contre des ouvriers de Lyon, esclaves de la routine, mérite d'être cité pour sa singularité. Il est tel, qu'un âne, en tournant un cabestan, faisait mouvoir les lisses, jouer les navettes, agir le battant, et fabriquait un droguet à fleurs dont on a conservé des pans.

Vaucanson a laissé de plus, ceci est important, les outils propres à construire ses métiers. Rien de plus admirable par sa simplicité que la machine à faire des chaînes de fer : elle est telle, qu'un ouvrier peut, après un quart d'heure d'apprentissage, exécuter.

Représentants du Peuple, allez visiter ce dépôt, et je vous prédis que vous en reviendrez pénétrés d'admiration pour l'inventeur qui centupla les forces de l'homme en leur associant celles de l'industrie; pénétrés de regrets, en voyant que le public n'est pas encore à portée d'en jouir.

Le troisième dépôt est dans la rue de l'Université[1] : il contient une foule de machines relatives aux travaux agricoles, tels que les épuisements, l'irrigation, la taille des vis de pressoir, la préparation des huiles d'après les procédés hollandais, etc.

On y a déposé les machines ingénieuses qui ont servi à la fabrication du papier-monnaie, parmi lesquelles on admire le numéroteur mécanique de Richer, qui, par le seul mouvement d'un train de presse d'imprimerie, opère tous les changements de numéros suivant l'ordre naturel des chiffres, depuis 1 jusqu'à 9,999.

---

(1) *Voir*, ci-dessus, la page 9 et la note de la page 19.

On y voit des machines à friser le tabac, qui ont été enlevées par nos marins sur des bâtiments anglais. D'autres marins avaient capturé des exemplaires, déposés à la Marine, d'un atlas très important des côtes de l'Amérique septentrionale, exécuté par ordre du gouvernement anglais, qui n'en a pas permis la diffusion dans le public, et qui a cru devoir s'en réserver la propriété exclusive.

Ce trésor s'enrichit des découvertes faites par des savants français, à la suite de nos armées victorieuses, en Hollande et en Italie. On attend de ce dernier pays une collection d'instruments aratoires propres à perfectionner les nôtres, et des jougs dont la construction est telle, que le bœuf exerce toutes ses forces sans accroître sa fatigue. Ainsi, la France va profiter des richesses industrielles et littéraires recueillies par les citoyens Thouin, Faujas, Leblond, Berthollet, Barthélemy, Monge, Moitte et Dewailly. D'autres savants, les uns de retour, les autres qui se disposent à revenir dans leur patrie, tels que Desfontaines, Richard, Olivier, Bruguière, Casas, Chevalier, Labillardière, Lasteyrie, Fauvel, Grasset-Saint-Sauveur, Volney, Petit-Radel, etc., promettent à la France de nouvelles conquêtes scientifiques; et le quaker Marsillac, médecin français, m'écrit de Philadelphie qu'ayant fait une riche moisson dans ce qui tient aux manufactures et aux arts mécaniques, il se réjouit d'en faire hommage à sa patrie.

C'est avec surprise qu'on voit encore des gens prétendre que le perfectionnement de l'industrie et la simplification de la main-d'œuvre entraînent des dangers, parce que, dit-on, ils ôtent les moyens d'existence à beaucoup d'ouvriers. Ainsi raisonnaient les copistes lorsque l'imprimerie fut inventée; ainsi raisonnaient les bateliers de Londres, qui voulaient s'insurger lorsqu'on bâtit le pont de Westminster; et il n'y a que sept ans encore qu'au Havre et à Rouen on était obligé de cacher les machines à filer le coton. La conséquence de cette objection puérile serait de briser les métiers à bas, les machines à mouliner la soie, et tous les chefs-d'œuvre qu'enfanta l'industrie pour le bonheur de la société. Faut-il donc un grand effort de génie pour sentir que nous avons plus d'ouvrage que de bras, qu'en simplifiant la main-d'œuvre on en diminue le prix, et que c'est un infaillible moyen d'établir un commerce lucratif qui écrase l'industrie étrangère, en repoussant la concurrence de ses produits?

L'emploi des machines, considéré sous les divers points de vue agricoles, industriels et manufacturiers, a pour objet : 1° d'obtenir plus d'ouvrage en économisant les forces de l'homme et le nombre des individus; 2° de donner aux ouvrages plus de perfection sans supposer aux ouvriers plus d'habileté. C'est là ce qui établit une énorme différence entre ces habitans du Paraguay qui coupaient leurs blés avec des côtes de vaches au lieu de faucilles, et l'Européen parvenu à filer, à tisser même les métaux.

Celui-là, disait Jean-Jacques, est vraiment libre, qui, pour subsister, n'est pas obligé de mettre les bras d'un autre au bout des siens. Ce qu'il disait des individus s'applique parfaitement aux nations : le perfectionnement des arts est un principe conservateur de la liberté; secouer le joug de l'industrie étrangère, c'est assurer sa propre indépendance.

Cette vérité se fortifie, en considérant que l'industrie est un des moyens les plus efficaces pour tuer le libertinage et tous les vices, enfants de la paresse. La liberté ne peut avoir que deux points d'appui, les lumières et la vertu; et l'on trahirait la cause du peuple, si on ne lui répétait sans cesse que l'ignorance et l'immoralité sont les ulcères qui corrodent les États.

Il est des objets de fabrication, sur lesquels nous avons vaincu l'étranger. Tels sont le blanchiment des toiles par l'acide muriatique oxygéné de Berthollet, la fabrique de minium par Olivier, la méthode de Seguin pour préparer, en quelques jours, des cuirs qui subissaient une préparation de deux années, etc.

Il est d'autres articles sur lesquels, arriérés jusqu'à présent, nous allons rivaliser avec nos voisins : tels sont les manufactures de faulx, d'aiguilles, de cristaux, de porcelaine, la soudure des feuilles de corne pour faire des lanternes à l'usage des vaisseaux, la confection des limes, etc. Il est des branches sur lesquelles il nous reste à faire des conquêtes et des découvertes : telle est la métallurgie; et l'on peut se reposer, à cet égard, sur la savante activité du Conseil des mines.

IMPRIMERIE NATIONALE.

Mais une nation eût-elle acquis la supériorité capable de l'affranchir du joug de l'étranger, cet avantage lui échappe rapidement, si l'on ne prend des mesures efficaces pour faire marcher les arts vers la perfection, et pour opérer la propagation des procédés et des instruments nouveaux.

Le Conservatoire des arts et métiers est un établissement qui remplira vos désirs à cet égard.

Les arts et métiers s'apprennent dans les ateliers : ce n'est pas dans le Conservatoire qu'on enseignera la partie chimique; mais on y apprendra, sous des maîtres habiles[1], la partie mécanique, la construction des machines et des outils les plus accomplis, leur jeu, la distribution, la combinaison des mouvements, l'emploi des forces.

Cette partie des sciences est également neuve et utile. Cet enseignement, placé à côté des modèles, n'aura rien de systématique; l'expérience seule, en parlant aux yeux, y aura droit d'obtenir l'assentiment. Aux machines seront joints :

1° Des échantillons du produit des manufactures nationales et étrangères, pour avoir toujours des pièces de comparaison;

2° Le dessin de chaque machine;

3° La description qui conserve, pour ainsi dire, la pensée de l'inventeur. On l'accompagnera d'un vocabulaire et d'un renvoi aux ouvrages qui en traitent. Ces précautions sont utiles pour l'histoire de l'art; car à mesure que l'industrie se perfectionne, les modèles peuvent disparaître. Le dessin et la description rappellent ce qui s'est fait, et peuvent mettre sur la route de nouvelles découvertes.

L'objet du Conservatoire n'est pas seulement d'assurer au public la connaissance des inventions auxquelles le Gouvernement décerne des récompenses ou accorde des brevets d'invention, mais encore de conserver les pièces nécessaires pour juger les contestations quelquefois inévitables à l'occasion des nouvelles découvertes; et pour que le Conservatoire devienne le dépôt commun

---

[1] Grégoire ajoutait en note, à ce passage de son Rapport, que «les citoyens Leroi, Molard et Conté» étaient «les conservateurs», et «le citoyen Beuvelot, le dessinateur».

de toutes les inventions dans les arts et métiers, il est indispensable que jamais une récompense ne soit accordée que sur la présentation du certificat qui atteste le dépôt au Conservatoire, des modèles, dessins et descriptions. Cette précaution, exigée par la loi, commandée par l'intérêt public, est nécessaire, à raison du penchant de quelques inventeurs à recéler la partie essentielle de leurs découvertes lorsqu'ils n'ont plus d'intérêt à la montrer.

L'imprévoyance de l'ancien Gouvernement a privé la nation de plusieurs inventions précieuses pour lesquelles cependant leurs auteurs ont obtenu des récompenses nationales. Nous en citerons quelques exemples :

1° Les modèles de machines à filer le coton, promis par les citoyens Lami, Flesselle et Martin, établis près Arpajon, qui ont reçu une gratification de 30,000 francs en 1785;

2° Les modèles de toutes les machines nécessaires au travail de la soie, promis par le citoyen Villard, en acceptant une pension de 3,000 francs;

3° Un modèle de métier à tricot sur chaînes, promis par les citoyens Jolivet et Sarrasin, bonnetiers à Lyon, et pour lequel il leur fut accordé une gratification de 5,000 francs, et une pension de 300 francs;

4° Un modèle de four de cémentation, que le citoyen Sauche, d'Amboise, avait promis de déposer au Cabinet des machines dans le temps où il reçut du Gouvernement une gratification de 300,000 francs.

Indépendamment des machines et des instruments de tous les arts, on trouvera au Conservatoire, avec les échantillons des produits de l'industrie française, les noms des artistes ou manufacturiers, et l'indication du lieu qu'ils habitent. Par ces moyens s'établiront des rapports plus fréquents entre la classe productive et celle qui consomme; il en résultera infailliblement une plus grande émulation parmi les artistes, et une grande activité dans le commerce. Déjà l'on peut annoncer à ce sujet que parmi les citoyens qui vont dans les dépôts étudier les machines, et qui soupirent après l'organisation définitive du Conservatoire, il en est peu qui n'examinent avec attention :

1° Le tableau des limes du citoyen Raoul, dont l'industrie en ce genre ne laisse plus rien à désirer;

2° Les étoffes façon de dentelles, fabriquées sur des métiers à aiguilles par le citoyen Aubert, fabricant de bas à Lyon, et dont la beauté surpasse tout ce qui a été fait jusqu'à ce jour sur les métiers à bas;

3° Les boîtes en filigrane du citoyen Bouvier, orfèvre de Paris, où la perfection est à son terme.

Cet art ingénieux, qui naquit dans l'Inde, ne passa en Europe que dans le moyen âge. Depuis quelques années seulement, les difficultés extrêmes que présente ce genre de travail ont été vaincues par l'industrie française, et le citoyen Bouvier est incontestablement un des artistes qui ont le mieux réussi à multiplier, à reproduire par la fonte tous les ouvrages en filigrane.

Parmi les découvertes nouvelles qui promettent des résultats intéressants, et dont les membres du Conservatoire ont enrichi les dépôts confiés à leurs soins, nous croyons devoir citer :

1° Une composition de meule de fer oxydée à sa surface, imaginée par le citoyen Molard, et qui remplace avantageusement les meules de grès dans les manufactures d'aiguilles à coudre;

2° Un baromètre de l'invention du citoyen Conté, où le poids seul du mercure sert à évaluer, avec beaucoup de précision, celui de l'atmosphère, quel qu'il soit.

Les membres de votre Commission, en visitant les dépôts, ont été témoins des expériences que le citoyen Clouet vient de répéter sur le fer, et dont l'objet est de convertir ce métal en acier fondu, par une seule opération qui consiste à cémenter le fer pendant sa fusion.

Cette découverte importante a été saisie par les artistes avec un empressement tel, que bientôt la République ne sera plus tributaire de l'étranger pour les aciers fondus, si nécessaires dans la plupart des arts mécaniques, et dont l'importation annuelle, pour Paris seulement, était de 60 milliers par an.

Toutes les inventions nouvelles devant aboutir au Conservatoire, il aura dans son local une salle d'exposition. Ce moyen, absolument semblable à ce qui se pratique au Louvre pour la peinture et la sculpture, est très propre à féconder le génie.

Ce foyer d'instruction étant organisé, tous les moyens de perfectionnement de l'industrie étant recueillis et classés, il s'agira de faire participer les départements au bienfait de cet établissement; car le Corps législatif et le Directoire exécutif n'ont pas de prédilection. Nous taxerons d'injuste et d'impolitique l'avidité de certaines gens pour entasser tous les produits du génie à Paris. Ils demanderaient volontiers qu'on y fît venir, s'il était possible, l'arc triomphal d'Orange, le pont du Gard, et les arènes de Nismes. Les moyens d'instruction doivent être disséminés sur la surface de la République, comme les reverbères sont répartis dans une cité.

Ce défaut de communication, sous l'ancien régime, a produit de grands inconvénients. Il a accrédité le préjugé, que le Français perfectionne et n'invente pas, tandis que le métier à bas, le balancier à frapper les médailles, les métiers à gaze, l'art de teindre le coton en rouge, et une foule d'autres inventions, furent portés de chez nous à l'étranger, par l'effet de l'atroce révocation de l'édit de Nantes: et sans remonter si haut, par combien de découvertes s'est signalé le génie français dans le cours de la Révolution? Tels sont le télégraphe, auquel Amontons avait préludé; l'application des aérostats aux opérations militaires, l'extraction du salpêtre, la confection de la poudre, simplifiées; la décomposition de l'eau, et tant d'autres prodiges de la nouvelle chimie.

Sous l'ancien régime, le défaut de communication entre les diverses parties de la France les rendait en quelque sorte étrangères les unes aux autres, et empêchait la diffusion des procédés utiles. Par là s'explique l'usage perpétué jusqu'à présent d'avoir dans divers départements, pour travailler le même grain de terre, là des hoyaux commodes, à fer mince et à manche long, tandis qu'ailleurs ils ont le manche court, la lame lourde: l'ouvrier, extrêmement courbé, double ses fatigues en exerçant constamment une compression funeste sur ses intestins, tandis qu'il pourrait dépenser ses forces avec plus d'économie, et d'une manière plus favorable à sa santé.

Il est telle découverte qui, par ce défaut de communication, resterait peut-être pendant cinquante ans concentrée dans un coin de la France : tel est, par exemple, l'emploi de fuseaux de verre dans les roues à lanternes pour les moulins, les verreries et autres usines. Cette invention, qui emploie des cylindres de verre, plus durables que le fer, dans une mécanique dont les mouvements sont très violents, est due à l'un des hommes les plus estimables et les plus modestes, le citoyen Renaud, propriétaire de la verrerie de Baccarat, dans le département de la Meurthe; cette application m'aurait paru impossible, si je ne m'étais assuré, par mes propres yeux, de sa réalité et de ses avantages.

Citoyens législateurs, votre amour pour la gloire et la prospérité nationale vous impose l'obligation de faire jouir au plus tôt les artisans des moyens d'instruction et des richesses que présentera le Conservatoire des arts et métiers; vous sortirez tant de chefs-d'œuvre de ces dépôts, où par l'entassement ils dépérissent. Un retard de trois ans sur cet objet devient progressivement plus funeste.

Le Directoire, dans son message, ne demande pas la totalité de la ci-devant abbaye Saint-Martin-des-Champs. Il observe au contraire que cet établissement peut être formé sans déplacer l'administration municipale du cinquième arrondissement[(1)]. Le rapport fait au Ministre de l'intérieur, et le plan ci-joint[(2)], ont tracé la circonscription du local demandé. Une partie du jardin est destinée pour la formation d'une rue nouvelle, dans le plan tracé pour l'embellissement de Paris : elle aura dix mètres de large[(3)]. Cet espace prélevé, il reste une superficie de 10,452 mètres, ou 2,600 toises, de terrain, dont on peut tirer grand avantage. En

(1) Les dépendances de l'ancien prieuré de Saint-Martin occupées jusqu'alors par l'administration municipale ont été, vers la fin du règne de Louis-Philippe, mises à la disposition du Conservatoire des arts et métiers.

(2) On trouvera ci-après, à la suite du texte de la loi du 22 prairial an vi (*voir* pages 41 et 42), une réduction aux $\frac{1}{10}$ du plan qui était annexé au Rapport de Grégoire.

(3) Cette rue, projetée en prolongement de la rue Transnonain, porte actuellement le nom de Vaucanson; elle a été percée sous le premier Empire, lors de la création du *marché Saint-Martin* sur l'emplacement occupé depuis plusieurs années par l'*École centrale des arts et manufactures*.

vendant les bâtiments adjacents à la ci-devant abbaye, le Bureau du domaine avait oublié de réserver une communication par la rue Saint-Martin avec la principale cour de ce bâtiment [1]. Il est essentiel d'autoriser le Directoire à faire l'acquisition d'un passage, et à indemniser le citoyen Serame, sous-locataire de la maison, qui d'ailleurs a fait en volige des réparations pour la clôture des portes et des fenêtres. Les dépenses préalables pour l'appropriation du bâtiment sont évaluées, par l'architecte, à une somme de 56,900 francs, qu'il est essentiel de mettre à la disposition du Directoire : c'est semer pour recueillir.

Le Conservatoire n'occuperait donc qu'une portion limitée du ci-devant monastère. La répartition des objets se ferait d'après l'indication détaillée dans le rapport fait au Ministre. Tout y a son emploi, et même le petit jardin restant entre les deux ailes. A côté des bassins d'eau, qui sont utiles à la sûreté de l'établissement, on placerait la série des cadrans solaires, des cadrans à coup de canon, et les diverses machines dont le jeu ne peut s'exercer qu'en plein air.

Cet emplacement présente toutes les convenances pour l'établissement proposé. Mais quelqu'un avait prétendu qu'il n'était point central. Nous avons répondu : 1° que le quartier où il est situé est un de ceux qui renferment le plus d'artisans; 2° qu'en tirant deux lignes, l'une de la barrière Saint-Martin à celle de Saint-Jacques, l'autre de la barrière des Champs-Élysées à celle de la Roquette, le point d'intersection de ces lignes perpendiculaires l'une à l'autre est précisément le local dont il s'agit.

Il n'est pas un citoyen qui ne soit intéressé au progrès des arts et métiers; il n'est pas un jour, pas un instant, qu'il ne soit obligé à réclamer leur appui. Autrefois l'orgueil des rois élevait des palais cimentés par les larmes de ceux qu'ils nommaient leurs sujets; mais un gouvernement républicain s'occupe d'établissements propres à faire éclore le bonheur jusque dans les chaumières.

Citoyens législateurs, en finissant ce rapport, si vous permettez

[1] Longtemps resté à l'état de projet, ce passage a été ouvert de 1849 à 1851, et est devenu la principale entrée du Conservatoire.

à un homme qui arrive au terme de sa carrière politique de vous parler un instant de lui-même; à un homme qui a, sans relâche, combattu les oppresseurs et défendu les opprimés; à un homme qui, invariable dans ses principes et sa conduite, n'éleva jamais la voix qu'en faveur de la vertu, de la liberté, de *la tolérance* et des arts; je vous dirais qu'après avoir, dans l'espace de neuf ans, occupé huit ans le siège législatif, en le quittant je conserverai un tendre attachement pour des collègues avec lesquels j'ai concouru à fonder la République. L'harmonie entre les deux Conseils et le Directoire exécutif, l'union entre tous les citoyens, l'attachement à la Constitution de l'an III, la soumission aux lois, l'amour de la Patrie, le désir de coopérer à son bonheur, tels sont les sentiments qui m'animeront toujours; et si j'osais interpréter ceux de nos autres collègues qui, comme moi, rentrent dans la classe de simples citoyens, je n'exprimerais que faiblement ce que tous sentent avec énergie.

Voici le projet de résolution :

Article premier. — Les parties de bâtiments de la ci-devant abbaye Saint-Martin-des-Champs et de terrain, indiquées par une teinte rouge pâle dans le plan annexé à la présente Résolution[1], sont mises à la disposition du Directoire exécutif, pour placer le Conservatoire des arts et métiers.

Art. 2. — Une somme de 56,900 fr., à prendre sur les fonds destinés aux dépenses extraordinaires de l'an VI, est mise à la disposition du Directoire exécutif pour les réparations à faire au bâtiment, l'appropriation du local, et les indemnités à accorder, s'il échet, au sous-locataire de cette maison.

Art. 3. — Le Directoire est autorisé à disposer, par voie d'échange ou d'achat, d'une partie de terrain à vendre, marquée *A B* sur le plan[2], pour ouvrir un passage d'entrée directe par la rue Saint-Martin, en face du principal avant-corps renfermant le grand escalier.

---

(1) *Voir* la note 2 d la page 38 ci-dessus.
(2) *Idem.*

LOI

QUI AFFECTE UN LOCAL ET DES FONDS À L'ÉTABLISSEMENT DU CONSERVATOIRE DES ARTS ET MÉTIERS.

(Du 22 prairial an VI – 10 juin 1798.)

Le Conseil des Anciens,

Adoptant les motifs de la Déclaration d'urgence qui précède la Résolution ci-après,

Approuve l'acte d'urgence.

Suit la teneur de la Déclaration d'urgence et de la Résolution du 26 floréal [1] :

« Le Conseil des Cinq-Cents, considérant que le Conservatoire des arts et métiers, établi par la loi du 19 vendémiaire an III [2], n'est point encore en activité, faute d'un local pour cet établissement;

« Que les riches et vastes collections de machines, d'instruments et de dessins relatifs aux arts et métiers, accumulés dans trois dépôts différents [3], s'y détériorent par leur entassement, et que d'ailleurs les artistes et les artisans sont par là-même privés des moyens qui leur faciliteraient l'étude des modèles;

« Considérant qu'il est instant d'accorder un local assez spacieux pour y développer les moyens d'instruction qui intéressent essentiellement le progrès des arts et de l'industrie nationale,

« Déclare qu'il y a urgence.

« Le Conseil, après avoir déclaré l'urgence, prend la Résolution suivante :

« Article premier. — Les parties de bâtiments de la ci-devant abbaye Saint-Martin-des-Champs et de terrain, indiquées par une

---

(1) 15 mai 1798.

(2) 10 octobre 1794. — *Voir* ci-dessus, pages 13 à 15.

(3) *Voir* le rapport de Grégoire au Conseil des Cinq-Cents, pages 30 et 31 ci-dessus.

teinte rouge pâle dans le plan annexé à la présente Résolution[1], sont mises à la disposition du Directoire exécutif, pour placer le Conservatoire des arts et métiers.

« Art. 2. — Une somme de 56,900 fr., à prendre sur les fonds destinés aux dépenses imprévues de l'an vi, est mise à la disposition du Ministre de l'intérieur pour les réparations à faire au bâtiment, l'appropriation du local, et les indemnités à accorder, s'il échet, au sous-locataire de cette maison.

« Art. 3. — Le Directoire est autorisé à disposer, par voie d'échange ou d'achat, d'une partie de terrain à vendre, marquée *AB* sur le plan[2], pour ouvrir un passage d'entrée directe par la rue Saint-Martin, en face du principal avant-corps renfermant le grand escalier.

« Art. 4. — La présente Résolution sera imprimée.

« Signé : Poullain-Grandprey, *président;*
Gauran, Bardou-Boisquetin, Mel-Pre Luminais, *secrétaires.* »

Le Conseil des Anciens,

Après une seconde lecture,

Approuve la Résolution ci-dessus.

Paris, le 22 prairial an vi de la République française[3].

Signé : Regnier, *président;* Boisset, Perrin,
P.-A. Laloy, *secrétaires.*

---

[1] *Voir*, ci-contre, une réduction de ce plan à l'échelle des $\frac{1}{10}$ du dessin original annexé à la présente loi.

[2] *Idem.*

[3] 10 juin 1798.

Réduction, aux $\frac{3}{10}$, du plan joint au rapport de Grégoire et à la loi[1] concernant l'affectation, au Conservatoire des arts et métiers, de la plus grande partie des bâtiments et des terrains de l'ancien prieuré de Saint-Martin-des-Champs[2].

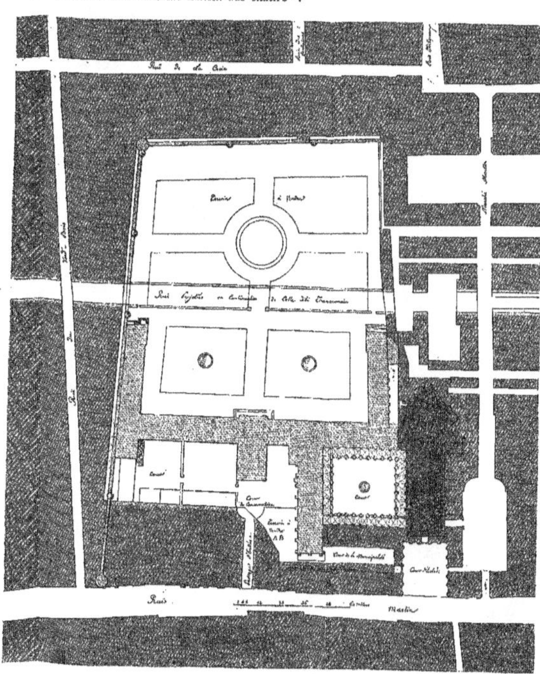

(1) 26 floréal-22 prairial an vi (15 mai-10 juin 1798). — *Voir* ci-dessus, pages 38 à 42.

(2) Le périmètre ainsi affecté, en 1798, à l'établissement du Conservatoire, est indiqué par une teinte rose pâle sur le plan original et se trouve compris entre la rue projetée en continuation de la rue Transnonain, l'église de l'ancien prieuré et une série d'immeubles marqués de hachures foncées sur la présente reproduction.

ARRÊTÉ

METTANT LE CONSERVATOIRE DES ARTS ET MÉTIERS SOUS L'AUTORITÉ D'UN ADMINISTRATEUR ET CONSTITUANT UN CONSEIL DE CET ÉTABLISSEMENT.

(Du 28 vendémiaire an IX – 19 octobre 1800.)

LE MINISTRE DE L'INTÉRIEUR,

En exécution de son arrêté du 1er vendémiaire,

ARRÊTE :

ARTICLE PREMIER. — Le citoyen MOLARD est nommé administrateur du Conservatoire des arts et métiers.

ART. 2. — Les citoyens GRÉGOIRE, MONTGOLFIER et BEUVELOT sont nommés membres du Conseil.

ART. 3. — L'administrateur est seul responsable, seul chargé de la correspondance avec le Ministre et de l'exécution des ordres du Gouvernement, conformément à l'arrêté du premier vendémiaire; il ne consulte les membres du Conseil que pour ce qui est relatif aux objets d'arts et métiers dont il est chargé; mais le Conseil est entièrement étranger à l'administration et à l'emploi des fonds accordés à cet établissement.

ART. 4. — Le citoyen MOLARD remettra au Ministre dans la décade un état sommaire des objets d'arts et métiers confiés à sa garde, et il procédera sans délai à la confection des catalogues [1] ou inventaires. Les membres du Conseil l'aideront dans ce travail.

---

[1] La première édition du *Catalogue des collections du Conservatoire des arts et métiers* fut publiée par le directeur de l'établissement, CHRISTIAN, qui s'aida, pour ce travail, des matériaux précédemment réunis par l'administrateur C.-P. MOLARD.

Les 2e, 3e, 4e, 5e, 6e, 7e et 8e éditions portent respectivement les dates de 1851, 1855, 1859, 1864, 1870, 1876 et 1882.

Un nouveau Catalogue, actuellement en cours de préparation, commencera à paraître par fascicules en 1889.

Art. 5. — L'administrateur arrêtera, dans la décade, les comptes de l'administration précédente et il fera passer au Ministre, dans le même délai, un état exact et certifié des sommes dues par l'établissement, en les distinguant par nature d'objets et par date.

Art. 6. — Il présentera au Ministre, dans le délai d'un mois, ses vues sur les changements à apporter au régime intérieur de l'établissement, sur les économies à faire dans toutes ses parties; il y joindra un état des dépenses nécessaires pour terminer les travaux commencés ou pour faire ceux qui sont rigoureusement indispensables. L'architecte sera tenu de lui fournir cet état.

Art. 7. — Provisoirement l'administrateur, les membres du Conseil, et les employés actuellement attachés au Conservatoire des arts et métiers jouiront des traitemens qui leur sont assignés.

Paris, le 28 vendémiaire an IX de la République française une et indivisible[1].

Signé : L. BONAPARTE.

---

[1] 19 octobre 1800. — Durant la période comprise entre cette date et celle des décrets impériaux des 21 mars 1812 et 14 mai 1813 (*voir* ci-après, pages 45 à 47), des deux Ministres de l'intérieur Chaptal et Champagny, le premier, répondant aux vues des membres du Conservatoire des arts et métiers, institua à cet établissement une *École gratuite de filature* (30 prairial an XII – 17 juin 1804), et le second approuva, le 2 mai 1806, la formation d'une *École gratuite de dessin appliqué aux arts*, dont le projet avait été conçu par C.-P. Molard, près de dix ans auparavant.

La première de ces écoles fut maintenue jusqu'au 1er octobre 1814; la seconde, plus connue sous le nom de *petite École* (*voir* ci-après, pages 51, 58, 67 et 83), a été supprimée par décret en date du 3 décembre 1874.

EXTRAIT

DU DÉCRET RENDU AU PALAIS IMPÉRIAL DE L'ÉLYSÉE LE 21 MARS 1812, RELATIF À L'ÉTABLISSEMENT DE DIVERS LYCÉES À PARIS ET PRESCRIVANT LE DÉPLACEMENT DU CONSERVATOIRE DES ARTS ET MÉTIERS [1].

NAPOLÉON, Empereur des Français, Roi d'Italie, Protecteur de la Confédération du Rhin, Médiateur de la Confédération suisse, etc.

Nous avons décrété et décrétons ce qui suit :

. . . .

LYCÉE DANS L'ANCIEN PRIEURÉ SAINT-MARTIN.

Art. 6. — L'ancien prieuré Saint-Martin sera disposé pour contenir au moins quatre cents élèves.

Art. 7. — Les machines du Conservatoire des arts et métiers placées dans cet édifice seront transférées dans les salles basses du Louvre [2].

. . . .

---

[1] Cette prescription fut rapportée l'année suivante (*voir* ci-après, page 47) à la suite de l'envoi fait au Ministre de l'intérieur comte Montalivet d'un état, par aperçu, de la dépense qu'entraînerait la translation projetée du Conservatoire, et d'un rapport détaillé sur les services rendus depuis sa création par cet établissement.

L'état et le rapport en question, dressés l'un et l'autre par l'administrateur C.-P. Molard, portent respectivement les dates des 8 novembre 1812 et 19 janvier 1813.

[2] En adressant au Ministre le devis mentionné à la note 1 ci-dessus, Molard faisait observer que de l'avis de M. Fontaine, architecte de l'Empereur, il était impossible de placer au Louvre le Conservatoire des arts et métiers et, dès lors, inutile de s'occuper de dispositions à prendre à cet égard.

EXÉCUTION DES TRAVAUX.

Art. 16. — Les plans des travaux ordonnés par le présent décret nous seront soumis d'ici au 1er mai prochain. Les travaux seront exécutés dans le courant de 1812.

Art. 17. — Le fonds de 3,420,000 francs fait par nos décrets des 5 et 6 présent mois, pour l'établissement des Lycées de Paris, est destiné à acquitter la dépense des différents travaux ordonnés par le présent décret.

Art. 18. — Notre Ministre de l'intérieur est chargé de l'exécution du présent décret.

Signé : NAPOLÉON.

Par l'Empereur :
Le Ministre Secrétaire d'État,
Signé : Le comte Daru.

Pour ampliation :
Le Ministre de l'intérieur, comte de l'Empire,
Signé : Montalivet.

EXTRAIT

DU DÉCRET RENDU AU QUARTIER GÉNÉRAL IMPÉRIAL DE DRESDE, LE 14 MAI 1813, RELATIF À DIVERS EMBELLISSEMENTS DE LA VILLE DE PARIS ET MAINTENANT L'INSTALLATION DU CONSERVATOIRE DES ARTS ET MÉTIERS DANS L'ANCIEN PRIEURÉ DE SAINT-MARTIN-DES-CHAMPS.

NAPOLÉON, Empereur des Français, Roi d'Italie, Protecteur de la Confédération du Rhin, Médiateur de la Confédération suisse, etc.

Sur le rapport de notre Ministre de l'intérieur ;
Notre Conseil d'État entendu,

Nous avons décrété et décrétons ce qui suit :

. . . .

Art. 4. — Le Conservatoire des arts et métiers restera provisoirement dans le local où il est actuellement établi.

. . . .

Art. 6. — Nos Ministres de l'intérieur et des finances sont chargés de l'exécution du présent décret.

Signé : NAPOLÉON.

Pour ampliation :
Le Ministre de l'intérieur, comte de l'Empire,
Signé : Montalivet.

Par l'Empereur :
Le Ministre Secrétaire d'État,
Signé : Le comte Daru.

ORDONNANCE

CONTENANT RÈGLEMENT POUR LE CONSERVATOIRE DES ARTS ET MÉTIERS.

(Du 16 avril 1817.)

LOUIS, par la grâce de Dieu, Roi de France et de Navarre, à tous ceux qui ces présentes verront, salut.

Voulant donner au Conservatoire royal des arts et métiers toute l'utilité dont est susceptible cet établissement, qui doit son origine à la protection accordée aux arts par notre auguste frère Louis XVI;

Sur le rapport de notre Ministre Secrétaire d'État au département de l'intérieur,

Nous avons ordonné et ordonnons ce qui suit :

Article premier. — Il y aura à la tête du Conservatoire royal des arts et métiers un directeur chargé de son administration.

Art. 2. — Le nombre des autres employés de l'établissement sera fixé au plus strict nécessaire par notre Ministre Secrétaire d'État de l'intérieur.

Art. 3. — Un inspecteur général surveillera toutes les parties de l'administration du Conservatoire des arts et métiers : il exercera gratuitement ses fonctions.

Art. 4. — L'inspecteur général et le directeur[1] sont nommés sur la présentation de notre Ministre Secrétaire d'État de l'intérieur, qui nomme tous les autres employés.

---

[1] Par ordonnance du 16 avril 1817, le duc de la Rochefoucauld, pair de France, fut nommé inspecteur général et Christian directeur du Conservatoire des arts et métiers.

Art. 5. — Notre Ministre Secrétaire d'État de l'intérieur détermine la quotité du traitement du directeur et de ceux de ses subordonnés. Les fonctions de chacun d'eux, leurs attributions et leurs devoirs sont réglés par lui, ainsi que les formes générales et particulières de l'administration et de la comptabilité du Conservatoire.

Art. 6. — Il sera établi, auprès du Conservatoire des arts et métiers, un Conseil d'amélioration et de perfectionnement, composé de l'inspecteur général, du directeur et de six autres membres qui y assisteront gratuitement, et que notre Ministre Secrétaire d'État de l'intérieur choisira parmi les hommes les plus versés dans la connaissance des sciences et des arts[1].

Art. 7. — Le Conseil sera présidé par l'inspecteur général.

Art. 8. — Le Conseil d'amélioration et de perfectionnement proposera ses vues sur tout ce qui lui paraîtra propre à étendre et à multiplier les avantages que le Conservatoire des arts et métiers est susceptible de procurer à l'industrie nationale, et sur les moyens d'assurer à toutes les parties de son service le degré de perfection auquel elles peuvent parvenir.

Art. 9. — Il s'assemblera régulièrement une fois par mois, et plus souvent si le Ministre le juge utile ou nécessaire.

Art. 10. — Notre Ministre Secrétaire d'État au département de l'intérieur est chargé de l'exécution de la présente ordonnance.

Donné en notre château des Tuileries, le 16 avril, l'an de grâce 1817, et de notre règne le vingt-deuxième.

Signé : LOUIS.

Par le Roi :

Le Ministre Secrétaire d'État au département de l'intérieur,

Signé : Lainé.

---

[1] On trouvera plus loin, page 133, la composition de ce Conseil.

IMPRIMERIE NATIONALE.

ORDONNANCE

RÉGLANT LES ATTRIBUTIONS DES CONSEILS DE PERFECTIONNEMENT ET D'ADMINISTRATION DU CONSERVATOIRE DES ARTS ET MÉTIERS, ET PORTANT ÉTABLISSEMENT, DANS CETTE INSTITUTION, D'UN ENSEIGNEMENT PUBLIC ET GRATUIT POUR L'APPLICATION DES SCIENCES AUX ARTS INDUSTRIELS [1].

(Du 25 novembre 1819.)

LOUIS, par la grâce de Dieu, Roi de France et de Navarre, à tous ceux qui ces présentes verront, salut.

Le Conservatoire des arts et métiers a rendu depuis son institution d'importants services; mais, pour atteindre complètement le but de sa fondation, il y a manqué jusqu'ici une haute école d'application des connaissances scientifiques au commerce et à l'industrie.

Voulant pourvoir à ces besoins, remplir le vœu des hommes éclairés et contribuer de tout notre pouvoir aux moyens d'accroître la prospérité nationale;

Sur le rapport de notre Ministre Secrétaire d'État de l'intérieur,

Nous avons ordonné et ordonnons ce qui suit :

Article premier. — Il sera établi au Conservatoire des arts et métiers un enseignement public et gratuit pour l'application des sciences aux arts industriels.

Art. 2. — Cet enseignement se composera de trois cours, savoir:

Un cours de mécanique et un cours de chimie appliquées aux arts;

Un cours d'économie industrielle.

---

[1] On trouvera plus loin, pages 97 et suivantes, les ordonnances, décrets et arrêtés relatifs à la création des chaires de haut enseignement du Conservatoire, ainsi qu'aux modifications successivement apportées aux titres de ces chaires.

Art. 3. — La petite École de géométrie descriptive et de dessin, fondée auprès du Conservatoire[1], continuera d'y être annexée.

Art. 4. — Les Conseils de perfectionnement et d'administration de l'Établissement seront maintenus avec l'organisation indiquée dans les articles qui suivent.

Art. 5. — Le Conseil de perfectionnement sera composé de dix-sept membres, savoir :

Le pair de France, inspecteur général du Conservatoire et des Écoles d'arts et métiers[2];

L'administrateur du Conservatoire[3];

Les trois professeurs des cours fondés par l'article 2;

Six membres de l'Académie des sciences;

Six manufacturiers, négociants ou agriculteurs[4].

Art. 6. — L'inspecteur général, l'administrateur et les professeurs, nommés par Nous, sur la proposition de notre Ministre Secrétaire d'État de l'intérieur, seront membres permanents du Conseil de perfectionnement.

Les autres membres, nommés par le Ministre, sous notre approbation, seront renouvelés tous les trois ans, par tiers : les membres sortiront par la voie du sort; ils pourront être réélus.

Art. 7. — Les renouvellements auront lieu, pour les académiciens, sur la présentation de l'Académie des sciences, et, pour les manufacturiers, négociants et agriculteurs, sur la présentation du Conseil de perfectionnement.

La première fois, les choix seront faits immédiatement par le Ministre, qui les soumettra à notre confirmation.

Art. 8. — Le Conseil de perfectionnement se réunira au moins une fois tous les trois mois : il arrêtera tous les programmes d'en-

---

(1) *Voir*, ci-dessus, la note de la page 44.

(2) *Voir*, ci-dessus, la note de la page 48.

(3) Une ordonnance royale, en date du 28 mars 1820, rétablit l'administration du Conservatoire comme elle était avant le 25 novembre 1819, c'est-à-dire qu'en particulier l'administrateur Christian reprit le titre de directeur.

(4) On trouvera plus loin, pages 133 et 134, la première composition de ce Conseil.

seignement, fixera l'époque et la durée des cours, se fera rendre compte des progrès des élèves, de l'administration intérieure et des dépenses; il discutera l'utilité des voyages qui pourraient être demandés aux professeurs, les projets d'amélioration et les accroissements successifs du dépôt des machines et modèles; il fera les demandes pour le budget annuel [1], et adressera sur le tout son rapport au Ministre, qui prendra les décisions convenables.

Art. 9. — Le Conseil d'administration sera composé de cinq membres, savoir :

Le pair de France, inspecteur général, président;
L'administrateur;
Les professeurs de mécanique, de chimie et d'économie.

Art. 10. — Ce Conseil s'assemblera au moins une fois tous les quinze jours : il réglera l'exécution du budget de l'établissement; il décidera de tout ce qui sera relatif à la police intérieure, et provoquera l'attention du Conseil de perfectionnement sur tout ce qu'il croira être utile au Conservatoire.

Art. 11. — Il ne sera fait aucun changement ou addition aux bâtiments du Conservatoire que sur la proposition du Conseil d'administration, transmise par le Conseil de perfectionnement à notre Ministre de l'intérieur et approuvée par lui.

L'architecte qui sera chargé de l'exécution des travaux autorisés par le Ministre recevra directement les ordres du Conseil d'administration.

Art. 12. — L'administrateur, qui, jusqu'à ce jour, avait eu le titre de directeur [2], sera chargé de prendre toutes les mesures

---

[1] Le budget du Conservatoire des arts et métiers (*voir*, ci-dessus, la note de la page 26) s'élevait en 1819, comme à la fin du premier Empire, à la somme de 50,000 francs et se divisait en deux chapitres intitulés :

I. *Traitements, appointements et pensions fixes;*

II. *Dépenses diverses et d'entretien.*

Ce budget, tout en conservant la même division, fut porté à 65,000 francs à partir de l'exercice 1821. Quant à ses augmentations ultérieures, elles sont sommairement indiquées en note des pages 58, 66 et 83 ci-après.

[2] *Voir*, ci-dessus, la note 3 de la page 51.

propres à assurer l'effet des ordres du Ministre ou des arrêtés du Conseil d'administration.

Il fera les fonctions de trésorier de l'établissement, et tiendra la plume dans les deux Conseils[1].

Art. 13. — Les fonctions de membre des Conseils de perfectionnement et d'administration seront gratuites.

Art. 14. — Les traitements de l'administrateur, des professeurs, des employés et des gens de service du Conservatoire seront réglés par notre Ministre de l'intérieur.

Art. 15. — Les professeurs de l'École d'application seront, autant que possible, logés à l'établissement.

Quand ils seront envoyés en mission par le Ministre, sur la demande du Conseil de perfectionnement, conformément à ce qui est dit à l'article 8, ils auront droit à une indemnité, que le Ministre fixera, pour leurs frais de voyage.

Art. 16. — La nomination des professeurs de la petite École et des employés aura lieu par le Ministre, sur la présentation du Conseil de perfectionnement.

La nomination du concierge, des gardiens, ouvriers et autres gens de service sera faite par le Conseil d'administration; le Ministre en sera informé.

Art. 17. — Quand les professeurs attachés au Conservatoire auront atteint soixante-cinq ans, ils passeront à l'éméritat, et leur traitement sera réduit de moitié. Il sera pourvu immédiatement à leur remplacement; mais ils conserveront le droit d'assister aux Conseils et de prendre part aux délibérations.

Art. 18. — Douze bourses, de 1,000 francs chacune, seront créées au Conservatoire des arts et métiers : elles seront destinées à des jeunes gens peu fortunés, mais qui feront preuve de grandes dispositions pour les arts industriels. Ces élèves seront

---

[1] Les fonctions de secrétaire du Conseil de perfectionnement furent confiées dans la suite au sous-directeur du Conservatoire, ainsi qu'en témoigne l'une des dispositions de l'article 2 d'une ordonnance royale du 31 août 1828 dont on trouvera le texte aux pages 55 à 59 ci-après.

nommés par notre Ministre de l'intérieur, sur la proposition du Conseil de perfectionnement, et après un examen des trois professeurs de l'Ecole d'application. Chaque élève pourra conserver, pendant trois années, la bourse qui lui aura été accordée; mais, tous les ans, il devra subir un nouvel examen, qui fera juger s'il est digne, ou non, de la continuation de cette faveur.

Notre Ministre fera connaître au Conseil l'époque à laquelle des désignations pourront commencer à avoir lieu pour les bourses de cette nature.

Art. 19. — Tous les ans, un crédit sera ouvert au budget du Département de l'intérieur pour l'entretien et les besoins du Conservatoire des arts et métiers [1].

Art. 20. — Toutes les dispositions contraires aux présentes sont rapportées.

Art. 21. — Notre Ministre Secrétaire d'État de l'intérieur est chargé de l'exécution de la présente ordonnance, qui sera insérée au *Bulletin des lois.*

Donné au château des Tuileries, le vingt-cinquième jour du mois de novembre, l'an de grâce 1819, et de notre règne le vingt-cinquième.

Signé : LOUIS.

Par le Roi :

Le Ministre Secrétaire d'État de l'intérieur,

Signé : Le comte Decazes.

---

[1] *Voir*, ci-dessus, la note 1 de la page 52.

ORDONNANCE

PORTANT ORGANISATION DU CONSERVATOIRE DES ARTS ET MÉTIERS.

(Du 31 août 1828.)

CHARLES, par la grâce de Dieu, Roi de France et de Navarre,

Sur le rapport de notre Ministre Secrétaire d'État du commerce et des manufactures [1];

Nous étant fait représenter les ordonnances royales des 16 avril 1817, 25 novembre 1819 et 28 mars 1820, portant règlement pour le Conservatoire royal des arts et métiers, nous avons reconnu que, parmi leurs dispositions, certaines sont devenues inexécutables par la suppression de l'inspection générale [2], et que diverses circonstances ont empêché l'exécution de plusieurs autres, entre lesquelles il en est dont le renouvellement présenterait des difficultés;

Voulant pourvoir au maintien de ce précieux dépôt des inventions industrielles, accroître l'utilité que les arts en retirent, et étant dans l'intention de le soutenir, autant qu'il est possible, au niveau de l'état progressif des découvertes de la science et de l'industrie;

Voulant aussi rapprocher et coordonner les diverses institutions publiques destinées à l'enseignement des arts industriels, et leur donner un centre commun qui facilite à l'Administration la surveillance de leurs progrès et la direction de leurs perfectionnements,

Nous avons ordonné et ordonnons ce qui suit :

Article premier. — Le Conseil de perfectionnement du Conservatoire royal des arts et métiers sera reconstitué sous le nom de Conseil de perfectionnement du Conservatoire et des Écoles d'arts et métiers.

---

[1] *Voir*, ci-dessus, la 2e note de la page 27.

[2] Les fonctions d'inspecteur général du Conservatoire avaient été, par ordonnance du 14 juillet 1823, retirées au duc de la Rochefoucauld-Liancourt.

Art. 2. — Il sera composé de treize membres, y compris le président. Le directeur et les professeurs des trois cours publics[1] en feront partie. Le président et les autres membres, qui seront pris dans le sein de l'Académie royale des sciences, ou parmi les manufacturiers notables, seront nommés par notre Ministre du commerce et des manufactures, sous notre approbation[2]. Le sous-directeur du Conservatoire remplira, comme par le passé, les fonctions de secrétaire du Conseil.

Art. 3. — Les membres des Conseils de perfectionnement formés en exécution des ordonnances royales de 1817 et 1819 conserveront le titre d'honoraires.

Art. 4. — Les fonctions du Conseil de perfectionnement sont honorifiques, gratuites et simplement consultatives.

Notre Ministre du commerce et des manufactures continuera à faire exercer sous ses ordres l'administration du Conservatoire et des Écoles par les directeurs de ces établissements, qui correspondent directement avec lui.

Art. 5. — Le Conseil de perfectionnement délibère et donne avis à notre Ministre du commerce et des manufactures sur tout ce qui lui paraît intéresser le maintien ou l'amélioration du Conservatoire et des Écoles des arts et métiers.

Art. 6. — Il délibère spécialement :

1° Sur l'accroissement des collections du Conservatoire, sur le moyen de les porter ou de les tenir au complet ;

2° Sur l'usage, et l'application à l'enseignement, du cabinet de physique[3] qui fait partie des collections du Conservatoire ;

3° Sur la direction de l'enseignement des différents degrés pratiqué dans l'établissement;

---

[1] *Voir* ci-dessus, pages 50 à 54, l'ordonnance d'institution de ces trois cours.

[2] On trouvera plus loin, page 134, la première composition de ce Conseil.

[3] Le *Cabinet de physique de* Charles, dont le Conservatoire des arts et métiers s'enrichit en 1814 avec l'autorisation du Gouvernement, était devenu, quelques années auparavant, la propriété de l'État aux termes d'un décret du 16 novembre 1807, qui allouait, en retour, à ce savant une pension viagère annuelle de 10,000 francs, reversible par moitié sur la tête de sa femme.

Jusqu'à sa mort, arrivée au mois d'avril 1823, Charles se consacra à la conserva-

4° Sur le mode de la publication des brevets d'invention tombés dans le domaine public, laquelle est confiée au Conservatoire[1].

Art. 7. — Le Conseil de perfectionnement délibérera encore sur le système d'instruction, de travail, de débouché des produits des Écoles royales d'arts et métiers[2]; sur leurs règlements et programmes faits et à faire. Il prendra d'abord connaissance des règlements actuellement suivis, et présentera un rapport spécial sur le maintien ou la modification dont leurs dispositions lui sembleraient susceptibles.

Art. 8. — Chaque année, le Conseil de perfectionnement arrêtera un rapport général sur l'état du Conservatoire et de son enseignement, et des observations sur les comptes moraux venus des Écoles d'arts et métiers, que notre Ministre aura communiqués au Conseil.

Ce rapport et ces observations seront présentés à notre Ministre du commerce et des manufactures; le résultat en sera mis sous nos yeux.

Art. 9. — Le Conseil s'assemblera sur la convocation de notre

---

tion et au développement de ce cabinet, qui fut ensuite confié aux soins de Pouillet, jusqu'au moment où le Ministre de l'agriculture et du commerce J.-B. Dumas en prescrivit, par décision en date du 14 décembre 1849, l'ouverture au public et la réunion définitive aux autres parties des collections du Conservatoire.

[1] L'arrêté du 17 vendémiaire an vii (8 octobre 1798), rendu par le Directoire exécutif dans l'esprit de l'article 1er de la loi portant formation du Conservatoire des arts et métiers (*voir* ci-dessus, page 13) et pour l'application de l'article 15 de la loi des 31 décembre 1790-7 janvier 1791, relative aux découvertes utiles et aux moyens d'en assurer la propriété à leurs auteurs, était alors en vigueur et ordonnait notamment que les originaux des brevets d'invention expédiés depuis la loi du 25 mai 1791 et ayant atteint le terme prescrit à leur durée seraient déposés au Conservatoire, et que le Ministre de l'intérieur chargerait les membres de cet établissement de faire imprimer les descriptions et graver les dessins nécessaires pour l'intelligence desdits brevets.

[2] Il existait, en 1828, deux *Écoles d'arts et métiers*, placées alors sous le régime d'une ordonnance royale du 31 décembre 1826. L'une, créée dès 1780 à Liancourt par le duc de la Rochefoucauld et primitivement connue sous le nom d'*École de la Montagne*, avait été transportée en 1799 à Compiègne, pour y former l'une des sections du *Prytanée militaire*, puis érigée en *École d'arts et métiers* par arrêté du gouvernement de la République, en date du 6 ventôse an xi (24 février 1803), et transférée à Châlons-sur-Marne par décret du 5 septembre 1806. L'autre, installée à Angers depuis 1815, avait été d'abord établie à Beaupréau (Maine-et-Loire) en vertu d'un arrêté du 28 ventôse an xii (17 mars 1804). La création d'une troisième école, à Aix, a été prescrite par ordonnance du 30 juin 1843.

Ministre, ou sur celle de son président. Les délibérations en seront adressées à notre Ministre au nom du président. S'il y a contrariété d'avis, chaque membre pourra faire noter au procès-verbal les motifs de son dissentiment.

Le directeur est toujours autorisé à présenter au Ministre, sur les avis du Conseil, ses observations relatives à l'exécution des mesures qui seraient proposées à l'égard du Conservatoire.

Art. 10. — Le budget annuel des dépenses du Conservatoire[1] sera dressé et présenté à notre Ministre du commerce et des manufactures par le directeur de l'établissement. Mais le Conseil de perfectionnement en prendra connaissance, et donnera son avis sur les propositions relatives aux acquisitions de machines et modèles, ainsi que sur les dépenses accessoires de l'établissement.

Le budget sera arrêté par notre Ministre, les comptes de l'établissement lui seront présentés. Avant de les approuver, il pourra en renvoyer la vérification à une commission qu'il nommera dans le sein du Conseil de perfectionnement.

Art. 11. — Sont maintenus au Conservatoire, outre le dépôt des machines et modèles et le cabinet de physique[2] :

L'enseignement public et gratuit fondé par l'ordonnance du 25 novembre 1819 et composé des trois cours de mécanique et de chimie appliquées aux arts industriels, et d'économie industrielle[3];

Et l'enseignement spécial de géométrie descriptive et de dessin, dans les classes connues sous le nom de *petite École*[4].

---

[1] Le budget du Conservatoire des arts et métiers (*voir* les notes 1 des pages 26 et 52 ci-dessus) s'élevait, en 1828, à la somme de 65,000 francs et se divisait en deux chapitres intitulés :

I. *Traitements, appointements et pensions fixes ;*

II. *Dépenses diverses et d'entretien.*

Tout en conservant la même division générale, il fut progressivement augmenté en 1837 et 1840, à la suite de la création de nouveaux cours de haut enseignement (*voir* ci-après, pages 103, 105 et 107) et atteignit ainsi le chiffre de 150,000 francs. Quant à ses augmentations ultérieures, elles sont sommairement indiquées en note des pages 66 et 83 ci-après.

[2] *Voir*, ci-dessus, la note 3 de la page 56.

[3] *Voir* ci-dessus, pages 50 à 54.

[4] *Voir*, ci-dessus, la note de la page 44.

Art. 12. — Le directeur du Conservatoire et les professeurs des trois cours publics sont nommés par Nous, comme par le passé, sur la présentation de notre Ministre du commerce et des manufactures.

Notre Ministre nomme à tous les autres emplois, en fixe le nombre et les attributions, et détermine le traitement de tous.

Il arrête les règlements nécessaires pour toutes les parties de l'établissement, le Conseil de perfectionnement entendu.

Art. 13. — Au moyen des dispositions ci-dessus, les ordonnances des 16 avril 1817 et 25 novembre 1819 sont rapportées.

Donné en notre château de Saint-Cloud, le trente et unième jour du mois d'août, de l'an de grâce mil huit cent vingt-huit et de notre règne le quatrième.

Signé : CHARLES.

Par le Roi :

Le Ministre Secrétaire d'État du commerce et des manufactures,

Signé : Saint-Cricq.

ORDONNANCE

RELATIVE À L'ADMINISTRATION DU CONSERVATOIRE DES ARTS ET MÉTIERS.

(Du 9 novembre 1831.)

LOUIS-PHILIPPE, Roi des Français, à tous présents et à venir, salut.

Sur le rapport de notre Ministre Secrétaire d'État au département du commerce et des travaux publics [1],

Nous avons ordonné et ordonnons ce qui suit :

Article premier. — Les places de directeur et de sous-directeur du Conservatoire royal des arts et métiers sont supprimées.

Art. 2. — Un des professeurs à notre nomination sera chargé de l'administration de l'établissement. A titre d'indemnité, son traitement sera porté de 5,000 francs à 6,000 francs : il habitera le Conservatoire.

Art. 3. — M. Pouillet, professeur de physique, sous-directeur actuel, est nommé administrateur du Conservatoire royal des arts et métiers.

Art. 4. — Notre Ministre Secrétaire d'État au département du commerce et des travaux publics est chargé de l'exécution de la présente ordonnance.

Fait au palais des Tuileries, le 9 novembre 1831.

Signé : LOUIS-PHILIPPE.

Par le Roi :

Le Pair de France, Ministre Secrétaire d'État au département du commerce et des travaux publics,

Signé : Cte d'Argout.

---

(1) *Voir*, ci-dessus, la 2e note de la page 27.

ORDONNANCE

RELATIVE À L'ADMINISTRATION ET AU CONSEIL DE PERFECTIONNEMENT DU CONSERVATOIRE DES ARTS ET MÉTIERS.

(Du 24 février 1840.)

LOUIS-PHILIPPE, Roi des Français, à tous présents et à venir, SALUT.

Sur le rapport de notre Ministre Secrétaire d'État au département de l'agriculture et du commerce [1],

Nous avons ordonné et ordonnons ce qui suit :

Article premier. — Les dix professeurs des cours publics du haut enseignement au Conservatoire royal des arts et métiers [2] composeront seuls le Conseil de perfectionnement du Conservatoire.

Art. 2. — Ils choisiront entre eux un président annuel, qui ne sera pas immédiatement rééligible [3].

Art. 3. — L'un des professeurs, sur la désignation et sous les ordres de notre Ministre de l'agriculture et du commerce, continuera à être chargé de l'administration de l'établissement [4].

---

[1] *Voir*, ci-dessus, la 2e note de la page 27.

[2] Les dix chaires de haut enseignement existant au Conservatoire en 1840 étaient celles de *Géométrie appliquée aux arts et Statistique*, de *Géométrie descriptive*, de *Mécanique industrielle*, de *Physique appliquée aux arts et Démonstration de machines*, de *Chimie appliquée aux arts* (deux chaires), d'*Agriculture* (deux chaires également), d'*Économie industrielle* et de *Législation industrielle*.

On trouvera ci-après, pages 97 et suivantes, le texte des actes relatifs à leur institution et à la modification du titre de quelques-unes d'entre elles.

[3] *Voir* plus loin, page 135, la liste des professeurs qui, de 1840 à 1853, ont successivement présidé le Conseil de perfectionnement du Conservatoire.

[4] On trouvera ci-après, page 128, la liste des administrateurs désignés depuis 1831 jusqu'à la fin de 1853.

Il fera les fonctions de secrétaire dans les réunions du Conseil de perfectionnement.

Art. 4. — Le Conseil de perfectionnement est consultatif.

Outre les avis qui lui sont demandés, il peut prendre, auprès du Ministre de l'agriculture et du commerce, l'initiative des vues propres à rendre le Conservatoire de plus en plus utile aux progrès de l'industrie nationale.

Il donnera son avis sur le budget de l'établissement annuellement dressé par le professeur-administrateur [1].

Le Conseil de perfectionnement présentera au Ministre un projet de règlement, tant pour sa propre organisation intérieure que pour la tenue des cours, la conservation, l'accroissement, et la communication au public des collections du Conservatoire [2].

Art. 5. — L'ordonnance royale du 31 août 1828 est rapportée.

Art. 6. — Notre Ministre Secrétaire d'État au département de l'agriculture et du commerce est chargé de l'exécution de la présente ordonnance.

Fait au palais des Tuileries, le 24 février 1840.

Signé : LOUIS-PHILIPPE.

Par le Roi :

Le Ministre Secrétaire d'État
au département de l'agriculture et du commerce,

Signé : L. Cunin-Gridaine.

---

(1) *Voir* la note 1 de la page 58 ci-dessus.

(2) Un projet préparé dans ce sens par le Conseil de perfectionnement du Conservatoire des arts et métiers, et adopté par lui dans ses séances des 7 et 14 juin 1843, fut, le 26 du même mois, transmis par son président, Th. Olivier, au Ministre de l'agriculture et du commerce Cunin-Gridaine et servit presque textuellement de base à l'arrêté réglementaire du 1er septembre 1843 dont on trouvera ci-après le libellé, pages 63 à 77.

ARRÊTÉ

PORTANT RÈGLEMENT DU CONSERVATOIRE DES ARTS ET MÉTIERS.

(Du 1er septembre 1843.)

Le Ministre Secrétaire d'État au département de l'agriculture et du commerce,

Vu l'ordonnance royale du 24 février 1840 relative à l'administration du Conservatoire royal des arts et métiers;

Vu les articles 3 et 4 de ladite ordonnance ainsi conçus :

« Art. 3. — L'un des professeurs, sur la désignation et sous les ordres de notre Ministre de l'agriculture et du commerce, continuera à être chargé de l'administration de l'établissement.

« Art. 4. — Le Conseil de perfectionnement est consultatif.

« Outre les avis qui lui sont demandés, il peut prendre, auprès du Ministre de l'agriculture et du commerce, l'initiative des vues propres à rendre le Conservatoire de plus en plus utile aux progrès de l'industrie nationale.

« Il donnera son avis sur le budget de l'établissement annuellement dressé par le professeur-administrateur.

« Le Conseil de perfectionnement présentera au Ministre un projet de règlement, tant pour sa propre organisation intérieure que pour la tenue des cours, la conservation, l'accroissement, et la communication au public des collections du Conservatoire[1] »,

Arrête ce qui suit :

Les dispositions qui suivent formeront à l'avenir le règlement du Conservatoire royal des arts et métiers :

---

[1] *Voir* la 2e note de la page 62 ci-contre.

TITRE PREMIER.

DES COURS PUBLICS, DES PROFESSEURS ET DU CONSEIL DE PERFECTIONNEMENT.

1re SECTION. — Des cours publics de haut enseignement.

Article premier. — Les cours publics du Conservatoire ont lieu sans interruption pendant six mois, depuis la première semaine de novembre jusqu'au 30 avril suivant.

Art. 2. — Dès les premiers jours du mois de novembre, le Conseil de perfectionnement tient une séance spéciale pour discuter les programmes des cours et pour arrêter la rédaction de l'affiche qui doit faire connaître au public l'objet principal des leçons de chaque professeur, ainsi que les jours et heures qui leur sont affectés; le procès-verbal de cette séance est immédiatement transmis, pour être approuvé, au Ministre de l'agriculture et du commerce.

Art. 3. — Chaque professeur donne par semaine deux leçons; la durée de chaque leçon est d'une heure et demie.

Le Conseil apprécie les exceptions qu'il peut être nécessaire d'apporter à cette règle et les soumet à l'approbation du Ministre.

Art. 4. — A chaque leçon, le professeur inscrit son nom sur un registre de présence visé par le président; ce registre est mis sous les yeux du Conseil.

2e SECTION. — Des professeurs; des remplaçants; des suppléants; des préparateurs.

Art. 5. — Après vingt ans de services effectifs dans l'établissement du Conservatoire, un professeur peut demander un suppléant.

Un professeur qui, par suite d'une infirmité grave ou de son âge avancé, se trouve hors d'état de remplir ses fonctions, quel que soit le nombre de ses années de service, peut également obtenir un suppléant.

Le traitement du professeur suppléant chargé du cours sera

prélevé sur le traitement du professeur titulaire; il sera la moitié de ce traitement.

Les suppléants sont désignés au scrutin par le Conseil à la majorité absolue des professeurs titulaires en fonction : cette désignation est soumise à l'approbation du Ministre.

Art. 6. — Le suppléant fait la totalité du cours, ou seulement les leçons que le titulaire n'entend pas se réserver.

Art. 7. — La qualité de suppléant ne donne aucun droit à devenir professeur; elle se perd par une délibération du Conseil, approuvée par le Ministre.

Art. 8. — Pendant une maladie momentanée, ou une absence motivée, ou pendant la durée d'une mission et d'un service public à l'intérieur ou au dehors, un professeur peut se faire remplacer; le remplaçant est présenté par le professeur et agréé par le Conseil.

Art. 9. — Les professeurs démissionnaires pourront, sur la demande du Conseil, obtenir le titre de professeur honoraire et l'entrée, avec voix consultative, au Conseil de perfectionnement.

La demande présentée à cet effet par le Conseil, et agréée par le Ministre, sera soumise à l'approbation du Roi.

Art. 10. — Les préparateurs sont nommés par le Ministre de l'agriculture et du commerce, sur la proposition du Conseil et à la suite d'une présentation faite par le professeur aux leçons duquel ils sont attachés.

Leur révocation peut être prononcée par le Ministre, sur la proposition du Conseil.

Art. 11. — Chaque professeur aura, à la portée de l'amphithéâtre où il fait son cours, un cabinet d'étude ou un laboratoire chauffé et éclairé.

3e section. — Du conseil de perfectionnement.

Art. 12. — Le Conseil de perfectionnement, composé exclusivement des professeurs titulaires du haut enseignement du Con-

IMPRIMERIE NATIONALE.

servatoire, nomme chaque année, au mois de janvier, un vice-président qui devient de droit président l'année suivante [1].

Art. 13. — Le professeur-administrateur remplit les fonctions de secrétaire près du Conseil de perfectionnement.

Art. 14. — Le Conseil se réunit au moins deux fois par mois pendant la durée des cours.

Le Conseil s'assemble, en outre, toutes les fois qu'il est nécessaire, sur la convocation faite par le président ou, en son absence, par le vice-président.

Dans tous les cas, les billets de convocation doivent faire mention de l'objet pour lequel le Conseil se réunit.

Art. 15. — La présence de la moitié plus un des professeurs en exercice est nécessaire pour la validité des délibérations.

Les délibérations du Conseil sont constatées par des procès-verbaux qui indiquent les noms des membres présents; ces procès-verbaux sont signés par le président et copiés sur un registre; après leur adoption, le secrétaire en adresse au Ministre une copie conforme.

Art. 16. — Le Conseil émet ses vues et donne son avis :

1° Sur le budget qui doit être soumis à l'approbation du Ministre [2];

2° Sur le meilleur emploi des fonds alloués aux collections dans le budget approuvé;

3° Sur le classement méthodique de toutes les collections, et

---

[1] *Voir* les notes 2 et 3 de la page 61 ci-dessus.

[2] Le budget du Conservatoire des arts et métiers (*voir* les notes 1 des pages 26, 52 et 58 ci-dessus) s'élevait, en 1843, à la somme de 150,000 francs, répartie entre dix chapitres intitulés :

I. *Traitements et gages.*	VI. *Bâtiments.*
II. *Collections.*	VII. *Chauffage et fumisterie.*
III. *Bibliothèque.*	VIII. *Éclairage.*
IV. *Haut enseignement.*	IX. *Dépenses administratives.*
V. *Petite École.*	X. *Service intérieur.*

Quant à ses augmentations ultérieures elles sont sommairement indiquées en note de la page 83 ci-après.

les dispositions générales qui peuvent en rendre la communication au public plus sûre et plus instructive[1];

4° Sur l'enseignement de la petite École[2].

Le Conseil donne ensuite son avis :

Sur l'organisation de l'enseignement industriel;

Sur les moyens de donner aux cours et à l'institution du Conservatoire une utilité de plus en plus grande pour les progrès de l'industrie;

Sur les mesures les plus propres à assurer la conservation des collections, leur accroissement, les avantages que le public en peut tirer;

Et sur les diverses questions qui lui sont soumises par le Ministre de l'agriculture et du commerce.

ART. 17. — Lorsqu'il survient une vacance, le Conseil est convoqué par le président pour procéder à la présentation d'un candidat. La réunion doit avoir lieu dans un délai de huit jours au moins, de quinze jours au plus.

Le Conseil décide d'abord s'il y a lieu de présenter immédiatement un candidat pour la chaire vacante : s'il est décidé qu'il n'y

---

[1] Pour faciliter cette tâche au Conseil de perfectionnement, le Ministre de l'agriculture et du commerce CUNIN-GRIDAINE avait institué, par arrêté en date du 19 octobre 1841, une Commission composée de MM. le baron THÉNARD, pair de France, *président*, le baron Ch. DUPIN, pair de France, professeur au Conservatoire des arts et métiers, POUILLET, député, professeur-administrateur du Conservatoire, OLIVIER et MORIN, professeurs au même établissement, le baron SÉGUIER, de l'Académie des sciences et du Comité consultatif des arts et manufactures, DELAMORINIÈRE, ingénieur de la marine et membre du même Comité, PONCELET, de l'Académie des sciences, le baron BUSCHE et DURAND, de la Société d'encouragement pour l'industrie nationale et PECQUEUR, mécanicien.

Cette Commission, dont le travail de récolement et de classification a été rappelé aux pages XVII et XVIII de l'introduction du présent Recueil, et auprès de laquelle le conservateur des collections de l'établissement, SCHLUMBERGER, remplissait les fonctions de secrétaire, était chargée :

1° De reconnaître les objets de toute nature existant dans les salles, galeries et bâtiments du Conservatoire;

2° et 3° De dresser un inventaire de ceux de ces objets qui offriraient, soit sous le rapport historique, soit au point de vue industriel, un intérêt en commandant la conservation, ainsi qu'un état de ceux qui, ne présentant aucune espèce d'intérêt, devraient et pourraient être vendus;

4° De proposer un plan de classement méthodique des collections du Conservatoire.

[2] *Voir*, ci-dessus, la note de la page 44.

a pas lieu, le Conseil est convoqué de nouveau dans les premiers jours du mois de novembre suivant, à moins que le Ministre n'approuve pas l'ajournement.

Dans ce dernier cas, l'assemblée s'occupe immédiatement de la discussion des titres des personnes qui se présentent ou qui peuvent être présentées pour occuper la chaire vacante. La discussion sera continuée, s'il y a lieu, pendant plusieurs séances. Quand la discussion est terminée, le Conseil fixe le jour où devra avoir lieu l'élection d'un candidat, et MM. les professeurs sont spécialement convoqués à cet effet.

Art. 18. — Au jour fixé, l'élection se fait par la voie du scrutin; le scrutin est réitéré jusqu'à ce que l'un des candidats ait obtenu la majorité absolue. Cette majorité s'établit sur le nombre des titulaires en exercice.

Art. 19. — Si la chaire vient à vaquer après la clôture des cours, l'élection du candidat n'a lieu qu'à la rentrée, à moins que le Ministre n'approuve point l'ajournement, ou que le Conseil, en nombre suffisant pour délibérer, ne décide d'une voix unanime que la présentation aura lieu à une époque plus rapprochée.

Art. 20. — Après que le Conseil de perfectionnement a fait sa présentation, l'Académie des sciences ou l'Académie des sciences morales et politiques, suivant la nature de la chaire qu'il s'agit de remplir, est invitée par le Ministre de l'agriculture et du commerce à faire choix d'un second candidat, qui pourra être le même que le candidat désigné par le Conseil.

Le Ministre soumet à la nomination du Roi l'un des candidats, en choisissant dans ces deux présentations.

TITRE II.

DES COLLECTIONS ET DE L'ADMINISTRATION DU CONSERVATOIRE.

1re section. — Des collections publiques du Conservatoire.

Art. 21. — Les collections du Conservatoire comprennent:

1° Une collection technologique de machines, modèles et outils employés dans les diverses branches de l'agriculture et de l'industrie;

2° Une collection d'appareils servant aux démonstrations des cours publics;

3° Une collection de produits agricoles et industriels destinés principalement aux démonstrations des cours d'agriculture et de chimie appliquée aux arts;

4° Une collection de grands tableaux coloriés servant aussi aux démonstrations des différents cours;

5° Une collection de dessins et calques représentant les mécanismes élémentaires, les ajustements et emmanchements, les transformations et transmissions de mouvements, et les principales inventions modernes faites en France et à l'étranger dans les sciences d'application et dans les arts industriels[1];

6° La collection des manuscrits et dessins des brevets d'invention publiés[2];

7° La bibliothèque.

Art. 22. — La collection technologique, celle des appareils, celle des produits, et celle des tableaux sont conservées dans les grandes galeries du Conservatoire.

Ces galeries sont ouvertes au public le dimanche, le mardi, le jeudi et le samedi, de midi à quatre heures.

Le mercredi, de midi à quatre heures, elles sont ouvertes aux étrangers, sur la présentation de leurs passeports, et aux personnes qui sont munies de cartes d'entrée signées par l'administrateur.

Art. 23. — La collection des dessins et celle des brevets d'invention sont conservées dans une salle particulière de travail; le public y est reçu de dix heures à trois heures, tous les jours, excepté le lundi.

---

(1) Cette collection, qui se composait, dès 1830, de plus de 3,000 documents dont le premier noyau remontait à Vaucanson, s'est, depuis lors jusqu'à l'époque actuelle (avril 1889), enrichie d'environ de 6,500 dessins de toute nature.

(2) *Voir*, ci-dessus, la note 1 de la page 57.

Art. 24. — La bibliothèque est aussi conservée dans une salle particulière de lecture; le public y est reçu de dix heures à trois heures, tous les jours, excepté le lundi.

2e section. — De l'administration du Conservatoire.

Art. 25. — L'administration du Conservatoire est confiée par ordonnance royale à l'un des professeurs, qui reçoit le titre de professeur-administrateur[1].

Art. 26. — Le professeur-administrateur a la direction de tous les services qui dépendent du Conservatoire royal des arts et métiers.

Il est logé dans l'établissement.

Il correspond avec le Ministre pour tout ce qui appartient à l'administration.

Il prépare le budget[2] qui est discuté en Conseil et ensuite soumis à l'approbation du Ministre; il autorise les dépenses et vise les comptes.

Il assure l'exécution des lois, ordonnances, règlements, arrêtés et décisions relatifs à l'institution du Conservatoire.

Il veille à ce que tous les fonctionnaires et employés attachés à l'administration de l'établissement concourent à y maintenir le bon ordre et remplissent avec zèle les devoirs qui leur sont imposés.

Le Ministre l'entend sur les diverses modifications dont peut être susceptible le personnel administratif.

Le professeur-administrateur a entre les mains un double de tous les inventaires signés par les personnes responsables; il en fait ou en fait faire le récolement général ou partiel aux époques qui lui semblent les plus convenables, et il rend compte au Ministre des irrégularités qui pourraient se manifester; toutefois ce récolement devra avoir lieu au moins une fois par an.

Après la clôture de chaque exercice de comptabilité, il transmet

---

(1) *Voir* ci-après, page 128, la liste des personnes qui furent successivement investies de ce titre, depuis 1831 jusqu'à la fin de 1853.

(2) *Voir*, ci-dessus, la 2e note de la page 66.

au Ministre par ordre de numéros les additions qui ont été faites pendant l'exercice sur chacun des inventaires dont est responsable le conservateur du matériel; il transmet pareillement par ordre de numéros les additions qui ont été faites aux inventaires du cabinet de physique et des laboratoires de chimie.

Comptabilité du Conservatoire.

Art. 27. — La comptabilité du Conservatoire est séparée en comptabilité-matières et en comptabilité-deniers.

La première est confiée au conservateur du matériel; la seconde à l'agent comptable.

Du conservateur des collections et du matériel.

Art. 28. — Le conservateur des collections et du matériel est chargé, sous l'autorité du professeur-administrateur, de la conservation de toutes les collections publiques et de celle du mobilier de l'établissement; il en est matériellement responsable et comptable vis-à-vis de l'État.

Il est logé dans les bâtiments du Conservatoire.

Art. 29. — A son entrée en fonctions, il accepte, après récolement, les inventaires des collections publiques et ceux du mobilier.

Le cabinet de physique[1] et les laboratoires de chimie ont leurs inventaires séparés et ils restent sous la responsabilité des professeurs auxquels ils sont confiés. Chaque professeur doit imposer à son préparateur l'obligation de tenir son inventaire à jour.

Art. 30. — Tous les accroissements de mobilier sont pris en charge par le conservateur du matériel et inventoriés au lieu qui leur appartient. Cette prise en charge précède le payement des mémoires : pareillement, tous les accroissements des collections publiques sont, avant le payement des mémoires, pris en charge

---

[1] *Voir*, ci-dessus, la note 3 de la page 56, relative à l'acquisition de ce cabinet, à son développement et à sa réunion définitive, en 1849, aux autres parties des collections du Conservatoire des arts et métiers.

par le conservateur des collections et du matériel, et ensuite, sous la surveillance du professeur-administrateur, inventoriés au lieu qui leur appartient d'après le classement arrêté par le Conseil.

Art. 31. — Aucun objet mobilier ne peut passer d'un service à un autre sans une autorisation écrite du professeur-administrateur, qui est remise au conservateur.

Les professeurs demandent directement au conservateur les objets appartenant aux collections publiques qui peuvent être nécessaires à leurs travaux dans l'intérieur de l'établissement ; ces objets sont ensuite réintégrés en leur place.

A cette exception près, aucun déplacement intérieur ne peut se faire sans l'autorisation du professeur-administrateur.

Aucune translation au dehors ne peut avoir lieu sans l'autorisation spéciale du Ministre.

Art. 32. — Le conservateur du matériel se tient au courant de toutes les inventions dont il peut être utile de faire entrer des modèles dans les collections, et il remet ces renseignements au professeur-administrateur, qui les présente au Conseil.

Art. 33. — Quand le budget a reçu l'approbation ministérielle, chaque professeur, dans les limites des crédits qui lui sont ouverts au chapitre II [1] pour les modèles et pour les tableaux coloriés, peut faire directement les commandes qui le concernent; alors, il se charge d'en suivre l'exécution lui-même, ou il en confie la surveillance au conservateur des collections et du matériel.

Dans l'un et l'autre cas, le professeur qui a fait la commande fait aussi la réception et vise les mémoires.

Art. 34. — Pour les crédits ouverts au chapitre IV [2], chaque professeur fait nécessairement les commandes et les réceptions de tous les objets destinés à son cours, et vise, en conséquence, les mémoires qui sont relatifs à toutes ces fournitures.

Art. 35. — Dans les cas indiqués aux deux articles précédents,

---

(1) *Voir*, ci-dessus, la 2e note de la page 66, relative à la division du budget du Conservatoire en 1843.

(2) *Idem.*

si le professeur-administrateur avait du doute sur l'utilité de l'acquisition, soit à cause d'un double emploi, soit pour d'autres motifs, il ne pourrait en autoriser la dépense qu'après avoir pris l'avis du Conseil.

Art. 36. — Si le conservateur des collections et du matériel s'aperçoit de la disparition ou de l'altération de l'un des objets qui lui sont confiés, il doit immédiatement en prévenir le professeur-administrateur.

Du conservateur des dessins.

Art. 37. — Le conservateur des dessins est chargé de conserver et de donner en communication au public la collection des dessins et calques et celle des manuscrits et dessins des brevets publiés[1]. Un double de l'inventaire de ces collections lui est remis par le conservateur du matériel, qui néanmoins reste responsable.

Art. 38. — De concert avec le conservateur du matériel et sous la surveillance du professeur-administrateur, il a soin de cataloguer en leur lieu, suivant le classement adopté, tous les accroissements que reçoivent les collections dont il est chargé et de maintenir en bon ordre toutes les légendes qui accompagnent les dessins.

Art. 39. — Il est chargé de donner les explications qui peuvent lui être demandées par le public sur les dessins et manuscrits qu'il communique.

Art. 40. — Il ne permet de lever des calques et de copier des légendes qu'aux personnes qui sont munies d'une autorisation spéciale du professeur-administrateur.

Art. 41. — Il se tient au courant de toutes les inventions dont il peut être utile de faire entrer des calques ou dessins dans la collection qui lui est confiée; il remet ces renseignements au professeur-administrateur, qui prend au besoin l'avis du Conseil pour décider quelles sont les commandes à faire.

---

[1] *Voir*, ci-dessus, les notes 1 des pages 57 et 69.

Art. 42. — Avant le payement des mémoires relatifs à la collection des dessins, le conservateur du matériel signe la prise en charge.

Art. 43. — A l'instant où le conservateur des dessins s'apercevrait de la disparition ou de l'altération de l'une des pièces qui lui sont confiées, il devrait en prévenir à la fois le conservateur du matériel et le professeur-administrateur.

Du bibliothécaire[1].

Art. 44. — Le bibliothécaire est chargé de conserver et de donner en communication au public les ouvrages qui composent la bibliothèque du Conservatoire; un double du catalogue lui est remis par le conservateur du matériel, qui, néanmoins, reste responsable.

Art. 45. — De concert avec le conservateur du matériel et sous la surveillance du professeur-administrateur, il a soin de cataloguer en leur lieu, suivant le classement adopté, tous les accroissements que reçoit la bibliothèque.

Art. 46. — Les membres du Conseil peuvent seuls emprunter des livres à la bibliothèque; alors, ils laissent entre les mains du bibliothécaire un récépissé où les volumes empruntés sont exactement définis; ces récépissés sont copiés par le bibliothécaire sur un registre-journal et soigneusement biffés quand les livres rentrent.

Art. 47. — Le bibliothécaire se tient au courant de toutes les publications scientifiques et industrielles qui se font en France et à l'étranger; il en présente un état sommaire au professeur-administrateur, qui prend au besoin l'avis du Conseil pour décider quelles sont les acquisitions à faire.

Art. 48. — Aucune dépense n'est faite pour la bibliothèque

---

(1) Le bibliothécaire était déjà, depuis quelques années, aidé dans ses fonctions par un bibliothécaire adjoint, dont l'emploi avait été institué par arrêté ministériel en date du 27 novembre 1839.

sans un bon préalable indiquant le titre des ouvrages et portant la signature du professeur-administrateur. Avant le payement des mémoires, le conservateur du matériel signe la prise en charge.

Art. 49. — A l'instant où le bibliothécaire s'apercevrait de la disparition ou de l'altération de l'un des ouvrages de la bibliothèque, il devrait en prévenir à la fois le conservateur du matériel et le professeur-administrateur.

De l'agent comptable[1].

Art. 50. — L'agent comptable, sous l'autorité du professeur-administrateur, est chargé de la comptabilité en deniers du Conservatoire[2]; il est, en outre, chargé du chauffage et de l'éclairage.

Il est logé dans les bâtiments du Conservatoire.

Art. 51. — Il reçoit du professeur-administrateur une copie du budget tel qu'il a été approuvé par le Ministre; et, dans les limites des crédits ouverts, il solde, chaque mois, les dépenses du personnel et du matériel, sous la condition expresse qu'elles aient été, chacune en leur forme, préalablement autorisées par le professeur-administrateur.

Art. 52. — Pour tous les objets qui doivent être pris en charge, il s'assure, avant le payement des mémoires, que la signature du conservateur des collections et du matériel constate la prise en charge d'une manière régulière.

---

[1] L'emploi d'agent comptable avait été créé par arrêté, en date du 19 octobre 1841, du Ministre de l'agriculture et du commerce Cunin-Gridaine, qui, le même jour, prescrivait la confection de l'inventaire général des collections du Conservatoire des arts et métiers et instituait, pour préparer les éléments de ce travail, la Commission spéciale dont il a été question dans la note 1 de la page 67 ci-dessus.

[2] *Voir* ci-dessus, en ce qui concerne les prescriptions antérieures relatives à la comptabilité du Conservatoire :

1° Pages 16, 17 et 25 à 27, titre I, articles 3 et 6, et titre VI, en entier, du règlement du 15 thermidor an IV (15 août 1796);

2° Pages 43 et 44, articles 3, 5 et 6 de l'arrêté du 28 vendémiaire an IX (19 octobre 1800);

3° Page 49, article 5 de l'ordonnance royale du 16 avril 1817;

4° Page 53, article 12 de l'ordonnance du 25 novembre 1819;

5° Page 58, article 10 de l'ordonnance du 21 août 1828.

Art. 53. — Avant le 5 de chaque mois, il remet au professeur-administrateur les pièces comptables du mois précédent, dûment acquittées, et un bordereau, qu'il certifie véritable, résumant par articles et par chapitres l'objet de la dépense et le nom du fournisseur.

Pour éviter toute erreur dans le classement, il se conforme aux indications du conservateur du matériel.

Art. 54. — Avec le bordereau mensuel, il remet en même temps au professeur-administrateur un résumé des dépenses progressivement faites sur les divers articles. Ce résumé a pour objet de mettre en évidence les sommes qui restent disponibles sur chacun des crédits ouverts.

Art. 55. — Toutes les dépenses devront être rigoureusement renfermées dans la limite du crédit ouvert à cet effet au budget approuvé.

Aucune dépense non prévue au budget ou excédant la limite du crédit sur lequel elle doit être imputée ne pourra être faite sans l'autorisation préalable du Ministre.

Art. 56. — Il dresse à la fin de juin au plus tard, avec les pièces comptables à l'appui, un treizième bordereau, comprenant toutes les dépenses qui n'ont pu être soldées avant le 31 décembre de l'année précédente.

Chauffage.

Art. 57. — Sur des bons signés par le professeur-administrateur, l'agent comptable fait les acquisitions du combustible destiné aux divers services de l'administration et de l'enseignement.

Art. 58. — Il en surveille la conservation et la distribution à tous les services, et il rend compte au professeur-administrateur des consommations propres à chaque service.

Éclairage.

Art. 59. — Sur des bons signés par le professeur-administrateur, l'agent comptable fait les acquisitions de l'huile, de la bougie, de la chandelle, etc., destinées aux divers services de l'administration et de l'enseignement.

Art. 60. — Il en surveille la conservation et la distribution à tous les services, et il rend compte au professeur-administrateur des consommations propres à chaque service.

Art. 61. — Si l'agent comptable aperçoit quelques abus ou quelque négligence dans les services du chauffage ou de l'éclairage, il doit immédiatement en prévenir le professeur-administrateur.

Art. 62. — Un crédit spécial est ouvert au budget pour le chauffage et l'éclairage des appartements intérieurs du professeur-administrateur; dans les limites de ce crédit, l'agent comptable solde les dépenses de ces fournitures sur des mémoires dont l'exactitude est certifiée par le professeur-administrateur.

Paris, le 1er septembre 1843.

Signé : L. CUNIN-GRIDAINE.

DÉCRET

SUR L'ORGANISATION DU CONSERVATOIRE DES ARTS ET MÉTIERS.

(Du 10 décembre 1853.)

NAPOLÉON, par la grâce de Dieu et la volonté nationale, EMPEREUR DES FRANÇAIS, à tous présents et à venir, SALUT.

Sur le rapport de notre Ministre Secrétaire d'État au département de l'agriculture, du commerce et des travaux publics[1];

Vu les ordonnances royales du 31 août 1828 et du 24 février 1840,

AVONS DÉCRÉTÉ ET DÉCRÉTONS CE QUI SUIT :

ARTICLE PREMIER. — Le Conservatoire impérial des arts et métiers est régi par un directeur, sous l'autorité de notre Ministre Secrétaire d'État au département de l'agriculture, du commerce et des travaux publics.

Le directeur et les professeurs du haut enseignement du Conservatoire des arts et métiers sont nommés par décret impérial, sur la proposition de notre Ministre Secrétaire d'État au département de l'agriculture, du commerce et des travaux publics.

ART. 2. — Le Conseil de perfectionnement est composé du directeur, des professeurs du haut enseignement et de membres adjoints nommés par notre Ministre Secrétaire d'État au département de l'agriculture, du commerce et des travaux publics.

Les membres adjoints seront choisis dans les corps savants et dans l'industrie.

---

(1) On trouvera ci-après, pages 123 à 126, en tête des *Annexes* du présent Recueil, la liste chronologique des commission administrative et départements ministériels dans les attributions desquels le Conservatoire des arts et métiers a été placé depuis l'époque de sa fondation et, en particulier, depuis le 10 décembre 1853 jusqu'à l'époque actuelle (avril 1889).

Leur nombre ne peut dépasser celui des professeurs.

Le président, le vice-président et le secrétaire du Conseil de perfectionnement sont nommés par le Ministre. Les fonctions des membres du Conseil de perfectionnement sont gratuites [1].

Art. 3. — Les professeurs suppléants ou remplaçants sont nommés par arrêté ministériel, après avis du Conseil de perfectionnement.

Art. 4. — Les ordonnances antérieures sont et demeurent abrogées en ce qu'elles ont de contraire aux dispositions qui précèdent.

Art. 5. — Notre Ministre Secrétaire d'État au département de l'agriculture, du commerce et des travaux publics est chargé de l'exécution du présent décret, qui sera inséré au *Bulletin des lois* et publié au *Moniteur*.

Fait au palais des Tuileries, le 10 décembre 1853.

Signé : NAPOLÉON.

Par l'Empereur :

Le Ministre Secrétaire d'État au Département de l'agriculture, du commerce et des travaux publics,

Signé : P. Magne.

---

[1] *Voir* ci-après, pages 135 à 138, les formations successives de ce Conseil de perfectionnement et de son bureau.

ARRÊTÉ

PORTANT RÈGLEMENT DU CONSERVATOIRE DES ARTS ET MÉTIERS.

(Du 19 janvier 1854.)

Le Ministre Secrétaire d'État au département de l'agriculture, du commerce et des travaux publics[1],

Vu l'ordonnance royale du 24 février 1840;

Vu le décret en date du 10 décembre 1853, relatif à l'organisation du Conservatoire impérial des arts et métiers;

Sur le rapport du Conseiller d'État, directeur général de l'agriculture et du commerce,

Arrête :

TITRE PREMIER.

DES COURS PUBLICS, DES PROFESSEURS ET DU CONSEIL DE PERFECTIONNEMENT.

Article premier. — Les cours publics du Conservatoire impérial des arts et métiers auront lieu pendant six mois, à dater du 3 novembre jusqu'au 30 avril suivant, sans interruption autre que celles résultant des jours de fêtes publiques.

Ils ne peuvent être ni terminés ni suspendus avant l'époque fixée sans l'autorisation du Ministre.

Art. 2. — Dans la dernière quinzaine d'octobre, les professeurs[2] soumettent au Conseil de perfectionnement les programmes de

---

[1] *Voir*, ci-dessus, la note de la page 78.

[2] *Voir* ci-après, pages 129 à 131, la liste chronologique des professeurs titulaires du Conservatoire depuis la création des cours jusqu'à l'époque actuelle (avril 1889).

leurs cours. Le Conseil de perfectionnement arrête la rédaction de l'affiche qui doit faire connaître au public l'objet principal des leçons de chaque professeur, ainsi que les jours et heures affectés à chacun d'eux. Le procès-verbal de cette séance est immédiatement transmis par le directeur au Ministre de l'agriculture, du commerce et des travaux publics avec l'affiche qui doit être soumise à son approbation.

Art. 3. — Chaque professeur donne deux leçons par semaine; la durée de chaque leçon est d'une heure à une heure et demie au plus.

Art. 4. — A chaque leçon, le professeur inscrit son nom sur un registre de présence visé par le directeur.

Art. 5. — Après vingt ans de services effectifs dans l'établissement du Conservatoire, un professeur peut demander un suppléant.

Un professeur qui, par des empêchements provenant de fonctions publiques, par suite d'une infirmité grave ou de son âge avancé, se trouve hors d'état de remplir ses fonctions, quel que soit le nombre de ses années de service, peut également demander ou recevoir un suppléant.

Le traitement du professeur suppléant chargé du cours sera prélevé sur le traitement du professeur titulaire : il sera de la moitié de ce traitement.

Un professeur démissionnaire peut être nommé par le Ministre professeur honoraire.

Art. 6. — Le suppléant fait la totalité du cours, ou seulement les leçons que le titulaire n'entend pas se réserver.

Art. 7. — La qualité de suppléant ne donne aucun droit à devenir professeur; elle se perd par un arrêté ministériel.

Art. 8. — Pendant une maladie momentanée ou une absence motivée, ou pendant la durée d'une mission et d'un service public à l'intérieur ou au dehors, un professeur peut se faire remplacer; le remplaçant est nommé pour une année seulement.

Art. 9. — Les préparateurs sont nommés par le Ministre sur la proposition du directeur et à la suite d'une présentation faite par le professeur aux leçons duquel ils sont attachés.

IMPRIMERIE NATIONALE.

Leur révocation est prononcée par le Ministre.

Art. 10. — Chaque professeur aura, à la portée de l'amphithéâtre où il fait son cours, un cabinet d'étude ou un laboratoire chauffé et éclairé.

Art. 11. — Le directeur du Conservatoire veille au maintien de l'ordre, à la propreté et à la conservation des locaux mis à la disposition des professeurs; il donne les ordres nécessaires.

Art. 12. — Il est interdit aux professeurs et à leurs préparateurs d'habiter dans les locaux mis à leur disposition pour les leçons ou les expériences.

Art. 13. — Les professeurs qui ont des laboratoires font connaître au directeur le nombre et les noms des préparateurs adjoints qu'ils emploient et qui ne peut excéder deux ou trois. Ils ne peuvent tenir une école privée dans le Conservatoire.

Art. 14. — Le Conseil de perfectionnement, constitué comme il est dit à l'article 2 du décret précité du 10 décembre 1853[1], se réunit au moins une fois par mois pendant la durée des cours.

Le Conseil s'assemble, en outre, toutes les fois qu'il est nécessaire, sur la convocation faite par le président ou, en son absence, par le vice-président.

Dans tous les cas, les lettres de convocation doivent faire mention de l'objet pour lequel le Conseil se réunit.

Les membres adjoints ne sont convoqués que quand il s'agit de discussions relatives au budget annuel du Conservatoire impérial, à l'examen du programme des cours, aux développements à donner à l'enseignement et aux collections, de mesures générales à provoquer ou à examiner dans l'intérêt de l'industrie, ou de présentation de candidats pour les chaires vacantes.

Art. 15. — La présence de la moitié plus un des membres qui doivent être convoqués est nécessaire pour la validité des délibérations.

Les délibérations du Conseil sont constatées par des procès-verbaux qui indiquent les noms des membres présents; ces procès-

---

[1] On trouvera ci-après, pages 137 et 138, la composition actuelle de ce Conseil.

verbaux sont signés par le président et copiés sur un registre spécial après leur adoption; le directeur en adresse au Ministre une copie conforme.

Art. 16. — Lorsque, dans une même année, un membre adjoint aura manqué sans motifs légitimes à trois séances pour lesquelles il aura été régulièrement convoqué, il pourra être déclaré démissionnaire.

Art. 17. — Le Conseil émet ses vues et donne son avis :

1° Sur le budget de l'établissement qui doit être soumis à l'approbation du Ministre[1];

2° Sur le meilleur emploi du fonds alloué aux collections dans le budget approuvé;

3° Sur le classement méthodique de toutes les collections et sur les dispositions générales qui peuvent en rendre la communication au public plus sûre et plus instructive;

4° Sur l'enseignement de la petite École[2].

---

[1] Le budget annuel du Conservatoire des arts et métiers (*voir*, ci-dessus, les notes 1 des pages 26, 52, 58 et 2 de la page 66) s'élevait, en 1854, à la somme de 195,000 francs et se divisait en onze chapitres ci-après énumérés :

I. *Traitements et gages.*	VI. *Bâtiments.*
II et II bis. *Collections et Expériences.*	VII. *Chauffage, fumisterie.*
III. *Bibliothèque.*	VIII. *Éclairage.*
IV. *Haut enseignement.*	IX. *Dépenses administratives.*
V. *Petite École.*	X. *Service intérieur.*

Par suite d'augmentations successives, ce budget se trouve être porté, depuis 1884, à la somme de 441,150 francs, dont la répartition, approuvée pour l'exercice 1889, est la suivante :

I. *Personnel*	265,250 fr.	Report	384,050 fr.
II. *Collections et Expériences*	84,500	VII. *Chauffage et éclairage*	36,100
III. *Bibliothèque*	5,000	VIII. *Mobilier et fournitures de bureau*	12,000
IV. *Portefeuille industriel*	4,000	IX. *Objets divers*	9,000
V. *Haut enseignement*	21,500		
VI. *Bâtiments*	3,800		
A reporter	384,050	Total	441,150

[2] L'école élémentaire annexée au Conservatoire en vertu d'une décision du 2 mai 1806 du Ministre de l'intérieur Nompère de Champagny (*voir* la note de la page 44 ci-dessus) a été supprimée par décret en date du 3 décembre 1874.

Le Conseil émet aussi son avis :

Sur l'organisation de l'enseignement industriel[1];

Sur les moyens de donner aux cours et à l'institution du Conservatoire une utilité de plus en plus grande pour les progrès de l'industrie;

Sur les mesures les plus propres à assurer la conservation des collections, leur accroissement, les avantages que le public en peut tirer;

Et sur les diverses questions qui lui sont soumises par le Ministre de l'agriculture, du commerce et des travaux publics.

Lorsqu'un avis sera demandé par le Ministre au Conseil de perfectionnement pour remplir une chaire vacante, le Conseil désignera trois candidats[2].

TITRE II.

DES COLLECTIONS ET DE L'ADMINISTRATION DU CONSERVATOIRE.

Art. 18. — Les collections du Conservatoire se composent de tous les appareils, dessins, livres et échantillons de matières premières déposés dans l'établissement et figurant sur les inventaires.

Art. 19. — Les galeries sont ouvertes au public le dimanche et le jeudi, de dix heures à quatre heures.

Les mardis, mercredis, vendredis et samedis, elles sont ouvertes aux personnes munies d'une autorisation du directeur[3].

---

(1) Il convient de rappeler ici qu'à la date du 29 mars 1848 les professeurs avaient été chargés par le Ministre provisoire de l'agriculture et du commerce Bethmont d'arrêter les bases d'un *Système général pour l'enseignement des sciences appliquées aux arts industriels*, dont les cours du Conservatoire formeraient le degré supérieur, et que, par une décision du 22 novembre 1851, le Ministre de Casabianca les avait désignés comme devant faire, de droit, partie du *Conseil de perfectionnement de l'enseignement professionnel de l'industrie* institué par arrêté du 27 mars précédent.

(2) On trouvera ci-après, pages 93 et 94, le texte d'un arrêté ministériel du 9 octobre 1883 supprimant ce paragraphe et réglant le mode actuel de présentation et de nomination des professeurs.

(3) Les galeries sont, depuis plusieurs années, ouvertes également au public le mardi.

Art. 20. — La bibliothèque est ouverte au public de dix heures à trois heures, tous les jours, excepté le lundi[1].

Art. 21. — La collection du portefeuille industriel[2] et celle des brevets d'invention[3] sont conservées dans une salle particulière[4]. Le public y est reçu de dix heures à trois heures, tous les jours, excepté le lundi.

Art. 22. — Tous les ans, la bibliothèque et la galerie du portefeuille pourront être fermées au public pendant quinze jours au plus pour arrangement intérieur.

Art. 23. — L'administration du Conservatoire impérial des arts et métiers est composée des fonctionnaires suivants :

Un directeur,
Un ingénieur sous-directeur[5],
Un agent comptable,
Un conservateur des collections[6],
Un bibliothécaire,
Un bibliothécaire adjoint,
Un conservateur adjoint du portefeuille,

Aux jours réservés, c'est-à-dire les lundis, mercredis, vendredis et samedis, les personnes munies d'une autorisation du directeur sont admises à visiter le musée, sous la conduite d'un gardien de galeries, entre midi et trois heures du soir.

(1) La bibliothèque est, de plus, ouverte tous les soirs de semaine à l'exception du lundi, depuis sept heures et demie jusqu'à dix heures.

(2) *Voir*, ci-dessus, la note 1 de la page 69.

(3) La première des prescriptions auxquelles il a été fait allusion dans la note 1 de la page 57 ci-dessus a été renouvelée par la loi du 5 juillet 1844, dont l'article 26 dispose qu'«à l'expiration des brevets, les originaux des descriptions et dessins seront déposés au Conservatoire royal des arts et métiers».

(4) Dans cette même salle, se trouvent à la disposition du public les registres où sont classés méthodiquement les duplicata des marques de fabrique déposées en France sous le régime de la loi du 23 juin 1857 et du décret du 26 juillet 1858.

(5) L'emploi de sous-directeur a été supprimé par arrêté du 25 juin 1880. Un arrêté du 23 octobre 1880 a créé au Conservatoire un emploi d'inspecteur, qui a été transformé en celui d'ingénieur en vertu d'un arrêté du 5 juin 1883.

(6) Il existe également (*voir* ci-après, page 90, article 41) un emploi de conservateur adjoint des collections, dont le titulaire actuel a, par arrêté du 25 octobre 1886, reçu la qualité d'ingénieur adjoint du Conservatoire.

Et du nombre d'employés nécessaires aux besoins du service et fixé par le Ministre de l'agriculture, du commerce et des travaux publics.

Art. 24. — Le directeur est le chef de tous les services intérieurs. Il dirige l'administration du Conservatoire et il en surveille l'enseignement.

Il est logé dans l'établissement.

Il correspond avec le Ministre pour tout ce qui appartient à l'administration.

Il prépare le budget qui est discuté en Conseil de perfectionnement, et il le soumet à l'approbation du Ministre avec son avis[1].

Il autorise les dépenses et vise les comptes.

Il assure l'exécution des lois, ordonnances, règlements, arrêtés et décisions relatifs à l'institution du Conservatoire.

Il veille à ce que tous les fonctionnaires et employés attachés à l'établissement concourent à y maintenir le bon ordre, et remplissent avec régularité les devoirs qui leur sont imposés.

Le directeur a entre les mains un double de tous les inventaires signés par les personnes responsables; il en fait faire le récolement général ou partiel aux époques prescrites; il en transmet le procès-verbal au Ministre, en y joignant l'état, par ordre de numéros, des mutations survenues pendant l'année.

Art. 25. — L'ingénieur sous-directeur[2] est chargé, en l'absence et par délégation du directeur, de tous les détails du service intérieur et de la tenue des cours.

Il dirige les travaux de réparation, les expériences publiques ou celles qui sont demandées par le Ministre.

En cas d'absence autorisée du directeur, il le remplace dans toutes ses fonctions, y compris l'ordonnancement des dépenses.

Il est logé dans l'établissement.

---

[1] *Voir*, ci-dessus, la note 1 de la page 83.

[2] *Voir*, ci-dessus, la note 5 de la page 85.

Art. 26. — L'agent comptable, sous l'autorité du directeur, est chargé de la comptabilité en matières et deniers[1].

Il fournit un cautionnement de sa gestion et en est matériellement responsable.

Il est logé dans l'établissement.

Pour toutes les parties de son service, il donne directement ses ordres aux gens de service du Conservatoire.

Le commis de la comptabilité est placé sous ses ordres immédiats.

Art. 27. — A son entrée en fonctions, l'agent comptable accepte, après récolement, les inventaires des collections et du mobilier du Conservatoire.

Tous les accroissements du matériel, des collections et du mobilier sont pris en charge par l'agent comptable et portés par ses soins sur les inventaires; cette prise en charge précède le payement des mémoires.

Les professeurs qui ont des laboratoires sont responsables envers l'agent comptable des objets qui sont mis à leur disposition; leurs préparateurs doivent en tenir les inventaires à jour.

Art. 28. — Aucun objet mobilier inscrit aux inventaires ne peut sortir de l'établissement sans une autorisation du directeur ou de l'ingénieur sous-directeur, visée par l'agent comptable et donnée sur le reçu signé de la partie prenante; sur la remise de cette pièce, le conservateur délivre l'objet, qui doit être accompagné à sa sortie d'un laissez-passer également signé de l'agent comptable.

Art. 29. — Aucune dépense relative à l'un des services du Conservatoire ne pourra être faite ou acquittée que par l'agent comptable et sur les bons délivrés ou visés par le directeur, ou, dans les cas déterminés par l'article 25, par le sous-directeur.

Ces bons de dépenses sont inscrits, à leur date, sur un registre spécial.

Avant l'inscription, l'agent comptable s'entend avec le directeur

---

[1] *Voir*, ci-dessus, la 2e note de la page 75.

sur le classement des dépenses, conformément aux divisions du budget.

Art. 30. — L'agent comptable reçoit du directeur une copie du budget tel qu'il a été approuvé par le Ministre.

Toutes les dépenses devront être rigoureusement renfermées dans les limites des crédits ouverts dans le budget approuvé[1].

Art. 31. — L'agent comptable, avant le 10 de chaque mois, remet au directeur les pièces comptables du mois précédent, dûment acquittées, et un bordereau qu'il certifie véritable, résumant par chapitres et par articles l'objet de la dépense et le nom du fournisseur.

Avec le bordereau mensuel, il remet en même temps au directeur un résumé des dépenses progressivement faites sur les divers articles. Ce résumé a pour objet de mettre en évidence les sommes qui restent disponibles sur chacun des crédits ouverts.

Il dresse, à la fin de juin au plus tard, avec les pièces comptables à l'appui, un bordereau supplémentaire comprenant toutes les dépenses qui n'ont pu être soldées avant le 31 décembre de l'année précédente[2].

Art. 32. — D'après les ordres du directeur, l'agent comptable passe les marchés et fait les acquisitions relatives au chauffage et à l'éclairage, ou prépare la mise en adjudication de ces fournitures. Tout marché ou cahier des charges doit porter le visa du directeur et être soumis à l'approbation ministérielle.

L'agent comptable surveille la conservation et la distribution des matières, et il rend compte au directeur des consommations de chacun des services de l'établissement.

Art. 33. — Le conservateur des collections est chargé, sous

---

(1) *Voir*, ci-dessus, la note 1 de la page 83, relative à la division actuelle de ce budget.

(2) Une loi du 25 janvier 1889 a réduit de quatre mois la durée de l'exercice financier, en accordant, à titre transitoire, une prolongation de délai de deux mois pour les exercices 1888, 1889 et 1890. Il en résulte que c'est, au plus tard, les 30 avril 1889, 1890 et 1891 et le 28 ou 29 février de chacune des années suivantes que devra être dressé le bordereau supplémentaire de dépenses dont il est ici question.

l'autorité du directeur, de la conservation et de l'entretien des objets composant toutes les collections du Conservatoire.

Il en opère ou il en surveille le classement.

Il est logé dans l'établissement.

Pour toutes les parties de son service, il donne directement ses ordres aux gens de service du Conservatoire.

Art. 34. — A son entrée en fonctions, il prend connaissance des inventaires et s'assure de l'existence de tous les objets qui y sont mentionnés.

Il prend, en même temps, connaissance de la classification des catalogues, et s'assure s'ils sont exactement à jour.

Art. 35. — Le conservateur tient à jour les catalogues suivant la classification adoptée.

Il joint à l'inscription de chaque article le numéro d'inventaire, afin de faciliter le récolement.

Art. 36. — Le conservateur ne reçoit dans les collections et n'inscrit au catalogue aucun objet, s'il ne s'est assuré au préalable qu'il est porté à l'inventaire et pris en charge par l'agent comptable.

Il propose pour chaque objet la rédaction de la carte indicative de sa nature, l'ordre d'inscription au catalogue et le placement dans les galeries; le classement n'est rendu définitif qu'après l'approbation du directeur.

La carte indicative contiendra toujours la mention du numéro d'inventaire.

Art. 37. — Aucun objet ne peut passer d'un service dans un autre, et son classement aux catalogues ou dans les collections ne peut être modifié sans une autorisation écrite du directeur.

Art. 38. — Les professeurs demandent ou font demander directement au conservateur les objets qui peuvent être nécessaires à leurs travaux dans l'intérieur de l'établissement; ces objets sont ensuite réintégrés en leur place.

A cette exception près, aucun déplacement intérieur ne peut se faire sans l'autorisation du directeur.

Art. 39. — Le conservateur doit se tenir au courant de toutes les inventions dont il peut être utile de faire entrer des modèles dans les collections.

Il signale au directeur les réparations à faire aux modèles et les dépenses qu'il serait utile d'effectuer pour leur conservation.

Aucune dépense n'est faite pour les collections sans un bon préalable de commande portant la signature du directeur. Avant le payement des mémoires, l'agent comptable signe la prise en charge, s'il y a lieu, et s'assure que les réparations et les fournitures ont été faites.

Art. 40. — A l'instant où le conservateur s'apercevrait de la disparition ou de l'altération de l'un des objets appartenant aux collections, il devrait en prévenir le directeur.

Art. 41. — Le conservateur adjoint des collections[1], sous les ordres du conservateur, est plus spécialement chargé de la surveillance et des réparations qui s'exécutent dans l'intérieur de l'établissement.

Art. 42. — Le bibliothécaire est chargé de conserver et de donner en communication au public les ouvrages qui composent la bibliothèque du Conservatoire; un double de l'inventaire lui est remis par l'agent comptable.

Il est logé dans l'établissement.

Art. 43. — Le bibliothécaire, sous la surveillance du directeur, a soin de cataloguer en leur lieu, suivant le classement adopté, tous les accroissements que reçoit la bibliothèque; mais l'inscription ne peut avoir lieu qu'à la suite de la remise qui aura été faite des livres nouveaux par les soins de l'agent comptable.

Le catalogue alphabétique tient lieu d'inventaire pour la bibliothèque.

Un état trimestriel des accroissements est remis au directeur, qui le transmet à l'agent comptable.

Art. 44. — Les membres du Conseil peuvent seuls emprunter des livres à la bibliothèque; la sortie des livres est, d'ailleurs,

---

[1] *Voir* la note 6 de la page 85 ci-dessus.

soumise aux mêmes règles que celle des autres objets appartenant aux collections.

Art. 45. — Le bibliothécaire doit se tenir au courant de toutes les publications scientifiques et industrielles qui se font en France et à l'étranger; il en présente un état sommaire au directeur, qui décide des acquisitions à faire.

Aucune dépense n'est faite pour la bibliothèque sans un bon préalable de commande indiquant le titre des ouvrages et portant la signature du directeur. Avant le payement des mémoires, l'agent comptable signe la prise en charge.

Art. 46. — A l'instant où le bibliothécaire s'apercevrait de la disparition ou de l'altération de l'un des ouvrages de la bibliothèque, il devrait en prévenir le directeur.

Art. 47. — Le bibliothécaire adjoint, sous les ordres du bibliothécaire, est plus spécialement chargé de la surveillance intérieure de la bibliothèque et de la mise à jour des catalogues alphabétique et méthodique.

Il remplace provisoirement le bibliothécaire en cas d'absence ou d'empêchement.

Art. 48. — Le conservateur adjoint du portefeuille est chargé de donner communication au public des dessins qui composent le portefeuille industriel du Conservatoire.

De concert avec le conservateur, il a soin de faire inscrire au catalogue, suivant le classement adopté, tous les accroissements que reçoit le portefeuille; mais l'inscription sur les catalogues ne peut avoir lieu qu'à la suite de la remise qui aura été faite des dessins, par les soins de l'agent comptable.

Art. 49. — Le conservateur adjoint du portefeuille est préposé à la conservation des originaux de brevets déposés au Conservatoire [1].

Il en donne communication au public sous sa surveillance personnelle [2].

---

(1) *Voir*, ci-dessus, la note 3 de la page 85.

(2) Ce fonctionnaire est également chargé de la conservation et de la communication au public :

1° Des dessins formant le fonds du portefeuille industriel (*voir*, ci-dessus, la note 1 de la page 69 et l'article 21 du présent arrêté, page 85);

Aucun brevet ne peut sortir de la salle consacrée au portefeuille industriel sans un ordre écrit donné par le directeur.

Paris, le 19 janvier 1854.

Signé : P. MAGNE.

2° Des registres de duplicata de marques de fabrique dont il a été fait mention ci-dessus, à la note 4 de la page 85 ;

3° D'une très importante série de publications concernant la propriété industrielle et au nombre desquelles il convient de citer le Catalogue et le Recueil imprimé des brevets pris en France sous le régime des lois des 7 janvier et 25 mai 1791 et 5 juillet 1844, le *Journal officiel de la propriété industrielle et commerciale*, le *Trade marks journal* et les Recueils imprimés des brevets ou spécifications de brevets anglais, canadiens, américains et italiens.

ARRÊTÉ

PORTANT RÈGLEMENT DU MODE DE PRÉSENTATION ET DE NOMINATION AUX CHAIRES DE HAUT ENSEIGNEMENT DU CONSERVATOIRE DES ARTS ET MÉTIERS [1].

(Du 9 octobre 1883.)

LE MINISTRE DU COMMERCE [2],

Vu le décret en date du 10 décembre 1853 relatif à l'organisation du Conservatoire des arts et métiers;

Vu l'arrêté réglementaire du 19 janvier 1854 et notamment le dernier paragraphe de l'article 17 ainsi conçu :

«Lorsqu'un avis sera demandé par le Ministre au Conseil de perfectionnement pour remplir une chaire vacante, le Conseil désignera trois candidats»;

Sur le rapport de l'Inspecteur général de l'enseignement technique, délégué,

ARRÊTE :

Le dernier paragraphe susvisé de l'arrêté du 19 janvier 1854, portant règlement du Conservatoire du arts et métiers, est supprimé et remplacé par les dispositions suivantes :

Lorsqu'une vacance se produit parmi les professeurs du Conservatoire national des arts et métiers, le Conseil de perfectionnement, convoqué par son président, examine si la chaire vacante doit être maintenue ou modifiée soit dans son titre, soit dans sa nature.

Si le Conseil décide que la chaire doit être maintenue sans

---

[1] Cet arrêté a été pris sur la demande de la direction, conformément au vœu émis par le Conseil de perfectionnement du Conservatoire sur le rapport de l'un de ses membres, M. le député SPULLER, ministre actuel des affaires étrangères.

[2] *Voir*, ci-dessus, la note de la page 78.

modifications, l'annonce de la vacance est insérée au *Journal officiel.*

Un mois après la publicité donnée à cet avis, le Conseil de perfectionnement se réunit pour dresser, après discussion des titres, une liste de présentation comprenant deux candidats au moins et trois au plus.

La liste de présentation est adressée au Ministre du commerce.

Le Ministre invite ensuite l'Institut de France (classe correspondant à l'enseignement de la chaire vacante) à lui présenter de son côté une liste de deux ou trois candidats, qui pourra comprendre les mêmes noms que la liste dressée par le Conseil de perfectionnement du Conservatoire.

Si le Conseil estime que la chaire doit être modifiée, ses propositions à ce sujet sont transmises au Ministre du commerce et, lorsqu'il a été statué sur ces propositions, il est pourvu à la vacance dans les formes indiquées plus haut.

Dans le cas de création de chaires nouvelles, le Conseil de perfectionnement et l'Institut de France sont de même appelés, l'un et l'autre, à présenter au Ministre du commerce une liste de candidats.

Le Ministre soumet, dans tous les cas, au Président de la République la nomination de celui des candidats présentés sur lequel son choix s'est porté.

Fait à Paris, le 9 octobre 1883.

Signé : Ch. HÉRISSON.

II

CRÉATION DES COURS DE HAUT ENSEIGNEMENT.

ORDONNANCE

PORTANT INSTITUTION, AU CONSERVATOIRE DES ARTS ET MÉTIERS, D'UN ENSEIGNEMENT PUBLIC ET GRATUIT POUR L'APPLICATION DES SCIENCES AUX ARTS INDUSTRIELS, COMPOSÉ DES COURS ACTUELS DE GÉOMÉTRIE APPLIQUÉE AUX ARTS, DE CHIMIE GÉNÉRALE DANS SES RAPPORTS AVEC L'INDUSTRIE ET D'ÉCONOMIE INDUSTRIELLE ET STATISTIQUE [1].

(Du 25 novembre 1819.)

LOUIS, par la grâce de Dieu, ROI DE FRANCE ET DE NAVARRE, à tous ceux qui ces présentes verront, SALUT.

Le Conservatoire des arts et métiers a rendu depuis son institution d'importants services : mais, pour atteindre complètement le but de sa fondation, il y a manqué jusqu'ici une haute école d'application des connaissances scientifiques au commerce et à l'industrie.

Voulant pourvoir à ces besoins, remplir le vœu des hommes éclairés et contribuer de tout notre pouvoir aux moyens d'accroître la prospérité nationale;

Sur le rapport de notre Ministre Secrétaire d'État de l'intérieur,

NOUS AVONS ORDONNÉ ET ORDONNONS CE QUI SUIT :

ARTICLE PREMIER. — Il sera établi au Conservatoire des arts et métiers un enseignement public et gratuit pour l'application des sciences aux arts industriels.

ART. 2. — Cet enseignement se composera de trois cours, savoir :

---

[1] Cette ordonnance réglait en même temps les attributions des Conseils de perfectionnement et d'administration de l'établissement. Le texte *in extenso* en a été donné ci-dessus, aux pages 50 à 54, et l'on a cru ne devoir rappeler ici que ses considérants et ceux de ses articles qui concernent la création du haut enseignement public et gratuit du Conservatoire, ainsi que le mode de nomination des professeurs et la fixation de leur traitement.

IMPRIMERIE NATIONALE.

Un cours de mécanique[1] et un cours de chimie appliquées aux arts[2];

Un cours d'économie industrielle[3].

Art. 3. — La petite école de géométrie descriptive et de dessin, fondée auprès du Conservatoire[4], continuera d'y être annexée.

. . . .

Art. 6. — L'inspecteur général, l'administrateur et les professeurs, nommés par Nous, sur la proposition de notre Ministre Secrétaire d'État de l'intérieur, seront membres permanents du Conseil de perfectionnement.

. . . .

Art. 14. — Les traitements de l'administrateur des professeurs[5], des employés et des gens de service du Conservatoire seront réglés par notre Ministre de l'intérieur.

. . . .

Art. 21. — Notre Ministre Secrétaire d'État de l'intérieur est chargé de l'exécution de la présente ordonnance, qui sera insérée au *Bulletin des lois*[6].

---

(1) Ce cours, devenu celui de *Géométrie appliquée aux arts* et dont le premier titulaire a été le baron Ch. Dupin de 1819 à 1873, est aujourd'hui professé par M. le colonel Laussedat, nommé par décret en date du 8 mai 1873, après neuf ans de suppléance.

(2) La chaire de Chimie appliquée aux arts, devenue celle de *Chimie générale dans ses rapports avec l'industrie*, a été, depuis l'époque de sa création jusqu'en 1841, occupée par Clément-Desormes; le professeur actuel est M. E. Peligot, nommé par ordonnance en date du 1er décembre 1841, après quelques mois de suppléance.

(3) Cette chaire, remplacée en 1854 (*voir* ci-après, p. 113), par celle d'*Administration et statistique industrielles*, a, depuis lors, reçu le titre d'*Économie industrielle et statistique* (*voir* p. 115). Elle a été occupée par J.-B. Say, de 1819 à 1832; par Ad. Blanqui, de 1834 à 1854, et, de 1854 à 1885, par J. Burat, à qui le professeur actuel, M. Alf. de Foville, a été appelé à succéder, par décret en date du 7 septembre 1885, après une année de remplacement et deux ans de suppléance.

(4) *Voir*, ci-dessus, la note de la page 44.

(5) *Voir*, ci-après, la 2e note de la page 101.

(6) Les trois premiers professeurs, Ch. Dupin, Clément-Desormes et J.-B. Say, furent également nommés par ordonnance en date du 25 novembre 1819, mais les

Donné au château des Tuileries, le vingt-cinquième jour du mois de novembre, l'an de grâce 1819 et de notre règne le vingt-cinquième.

Signé : LOUIS.

Par le Roi :

Le Ministre Secrétaire d'État de l'intérieur,

Signé : Le Comte DECAZES.

---

dispositions à prendre en vue de l'organisation du local destiné provisoirement aux cours du Conservatoire des arts et métiers retardèrent d'un an l'ouverture de ces cours.

Quant au local qui devait leur être définitivement réservé — *ancien amphithéâtre* actuel — il fut établi sur les plans et par les soins de PEYRE neveu, membre de l'Institut, qui avait, en 1806, succédé au premier architecte de l'établissement, DELANNOY. L'inauguration solennelle en eut lieu le mardi 8 janvier 1822, sous la présidence du pair de France, duc DE LA ROCHEFOUCAULD, inspecteur général du Conservatoire (*voir Moniteur universel*, année 1822, page 57).

Depuis cette époque, deux autres salles de cours, connues sous les noms de *grand* et de *petit amphithéâtre*, ont été respectivement ouvertes en 1847 et 1868. L'une et l'autre sont dues à Léon VAUDOYER, de l'Académie des beaux-arts, qui, appelé à succéder à DUBOIS en 1838, quelques années après le décès de PEYRE neveu, fut lui-même, à sa mort, arrivée le 9 février 1872, remplacé le 28 mars suivant par l'architecte actuel du Conservatoire, M. A. ANCELET.

ORDONNANCE

INSTITUANT LES FONCTIONS DE DÉMONSTRATEUR DES MACHINES[1].

(Du 6 mai 1829.)

CHARLES, par la grâce de Dieu, Roi de France et de Navarre,

Sur le rapport de notre Ministre Secrétaire d'État du commerce et des manufactures;

Vu notre ordonnance du 31 août 1828, portant organisation du Conservatoire royal des arts et métiers,

Nous avons ordonné et ordonnons ce qui suit :

Article premier. — Le sieur Pouillet est nommé sous-directeur démonstrateur des machines au Conservatoire royal des arts et métiers.

Art. 2. — Le sieur Pouillet sera membre du Conseil de perfectionnement et y remplira les fonctions de secrétaire.

Art. 3. — Notre Ministre Secrétaire d'État au département du commerce et des manufactures est chargé de l'exécution de la présente ordonnance.

Donné en notre château de Saint-Cloud, le sixième jour du mois de mai, de l'an de grâce mil huit cent vingt-neuf et de notre règne le cinquième.

Signé : CHARLES.

Par le Roi :

Le Ministre Secrétaire d'État du commerce et des manufactures,

Signé : Saint-Cricq.

---

[1] *Voir* ci-après, pages 101 et 102, l'arrêté ministériel qui a précisé ces fonctions en y associant celles de professeur des *Applications faites aux arts des principes de la physique expérimentale.*

ARRÊTÉ

PORTANT CRÉATION D'UN ENSEIGNEMENT DES APPLICATIONS FAITES AUX ARTS DES PRINCIPES DE LA PHYSIQUE EXPÉRIMENTALE [1].

(Du 9 mai 1829.)

LE MINISTRE SECRÉTAIRE D'ÉTAT AU DÉPARTEMENT DU COMMERCE ET DES MANUFACTURES,

Vu l'ordonnance du Roi du six de ce mois, qui nomme le sieur POUILLET sous-directeur démonstrateur des machines au Conservatoire royal des arts et métiers, membre et secrétaire du Conseil de perfectionnement dudit Conservatoire,

ARRÊTE CE QUI SUIT :

ARTICLE PREMIER. — Le traitement de M. POUILLET sera de 5,000 francs [2].

ART. 2. — Il suppléera le directeur en cas d'absence ou d'empêchement.

ART. 3. — Il sera tenu de donner tous les ans des leçons publiques, exclusivement destinées à l'explication des machines le plus généralement employées dans les arts et métiers.

ART. 4. — Il exposera aussi les applications faites aux arts des principes de la physique expérimentale, en tant qu'elles ne rentreraient pas dans le cadre du cours confié au professeur de chimie appliquée.

---

[1] Le cours de *Physique appliquée aux arts*, dont l'origine remonte à ces leçons, est aujourd'hui professé par M. Edm. BECQUEREL, désigné par décret en date du 31 décembre 1852 pour succéder à POUILLET dans son enseignement.

[2] Le traitement annuel des professeurs du Conservatoire des arts et métiers, fixé, dans le principe, à 5,000 francs, a été successivement porté à 7,500 et 10,000 francs à partir de 1862 et 1878.

Il s'aidera, pour cette exposition, du cabinet de physique du Conservatoire[1], dont il était déjà nommé conservateur particulier.

Art. 5. — Les leçons et démonstrations ci-dessus seront faites suivant un programme dressé annuellement par le sous-directeur démonstrateur, et communiqué d'avance au Conseil de perfectionnement.

Paris, le 9 mai 1829.

Signé : SAINT-CRICQ.

---

[1] *Voir*, ci-dessus, la note 3 de la page 56.

ORDONNANCE

INSTITUANT UN ENSEIGNEMENT PUBLIC ET GRATUIT POUR L'AGRICULTURE.

(Du 25 août 1836.)

LOUIS-PHILIPPE, Roi des Français, à tous présents et à venir, SALUT.

Sur le rapport de notre Ministre Secrétaire d'État au département du commerce et des travaux publics;

Vu les ordonnances des 25 novembre 1819, 31 août 1828 et 9 novembre 1831,

Nous avons ordonné et ordonnons ce qui suit :

Article premier. — Il sera établi au Conservatoire royal des arts et métiers un enseignement public et gratuit pour l'agriculture.

Art. 2. — Cet enseignement sera composé de trois cours [1], savoir :

Un cours de culture;
Un cours de mécanique et de construction agricole;
Un cours de chimie agricole.

Art. 3. — Notre Ministre Secrétaire d'État au département du

---

[1] Ces trois cours furent supprimés par une ordonnance royale du 26 septembre 1839, qui, conjointement avec une ordonnance du 13 novembre de la même année, leur substitua, en y nommant O. Leclerc-Thouin et L. Moll, deux chaires d'*Agriculture* (*voir* ci-après, pages 105 et 107), dont la première reçut, dans la suite, le titre de *Chimie agricole et Analyse chimique*. Quant aux questions de *Mécanique et Construction agricoles*, le professeur du second cours d'*Agriculture*, Moll, les comprit dans le programme de ses leçons jusqu'à ce que la création, en 1864, d'une chaire de *Travaux agricoles et Génie rural* (*voir* ci-après, page 114) permit au Conservatoire de donner toute l'étendue désirable à l'enseignement de ces deux importants sujets.

commerce et des travaux publics est chargé de l'exécution de la présente ordonnance.

Fait à Neuilly, le 25 août 1836.

Signé : LOUIS-PHILIPPE.

Par le Roi :

Le Ministre Secrétaire d'État au département du commerce et des travaux publics,

Signé : Passy.

ORDONNANCE

PORTANT CRÉATION DES COURS ACTUELS DE MÉCANIQUE APPLIQUÉE AUX ARTS, DE GÉOMÉTRIE DESCRIPTIVE, D'ÉCONOMIE POLITIQUE ET LÉGISLATION INDUSTRIELLE, DE CHIMIE AGRICOLE ET ANALYSE CHIMIQUE ET DE CHIMIE INDUSTRIELLE.

(Du 26 septembre 1839.)

LOUIS-PHILIPPE, ROI DES FRANÇAIS, à tous présents et à venir, SALUT.

Sur le rapport de notre Ministre Secrétaire d'État au département de l'agriculture et du commerce;

Vu le rapport du Ministre des travaux publics, de l'agriculture et du commerce, par nous approuvé le 15 décembre 1838;

Vu l'article 12 de l'ordonnance royale du 31 août 1828,

NOUS AVONS ORDONNÉ ET ORDONNONS CE QUI SUIT :

ARTICLE PREMIER. — Il est créé au Conservatoire royal des arts et métiers cinq nouveaux cours publics et gratuits, savoir :

De mécanique appliquée à l'industrie [1];

De géométrie descriptive [2];

De législation industrielle [3];

D'agriculture [4];

---

(1) Ce cours, devenu en 1851 celui de *Mécanique appliquée aux arts*, a été professé par le capitaine, depuis général A. MORIN, de 1839 à 1856, et par H. TRESCA de 1857 à 1885, après trois années de remplacement. Le titulaire actuel est M. J. HIRSCH, nommé par décret en date du 7 avril 1886.

(2) La chaire de *Géométrie descriptive* a été occupée par Th. OLIVIER de 1839 à 1853, et de 1854 à 1883 par J. MAILLARD DE LA GOURNERIE, à qui le professeur actuel, M. E. ROUCHÉ, a été appelé à succéder par décret en date du 10 janvier 1884.

(3) Ce cours a pris en 1864 (*voir* ci-après, page 115) le titre d'*Économie politique et législation industrielle.* Le professeur actuel, successeur immédiat de WOLOWSKI dont il avait été pendant cinq années le suppléant, est M. E. LEVASSEUR, nommé par décret en date du 6 novembre 1876.

(4) La chaire d'*Agriculture* fut occupée, de 1839 à 1845, par O. LECLERC-THOUIN,

Et un deuxième cours de chimie appliquée à l'industrie [1].

Art. 2. — Au moyen du cours d'agriculture établi par l'article premier, notre ordonnance du 25 août 1836 est rapportée.

Art. 3. — Sont nommés :

Pour le cours de mécanique industrielle, M. Morin, capitaine d'artillerie;

Pour le cours de géométrie descriptive, M. Olivier, répétiteur de géométrie descriptive à l'École polytechnique;

Pour le cours de législation industrielle, M. Wolowski, avocat à la cour royale de Paris;

Pour le cours d'agriculture, M. Oscar Leclerc, actuellement professeur du cours de culture au Conservatoire;

Pour le deuxième cours de chimie industrielle, M. Payen, professeur à l'École centrale des arts et manufactures.

Art. 4. — Les nouveaux professeurs jouiront, à partir du 1er janvier 1840, du traitement annuel de 5,000 francs [2].

Art. 5. — Notre Ministre Secrétaire d'État au département de l'agriculture et du commerce est chargé de l'exécution de la présente ordonnance.

Fait au palais de Saint-Cloud, le 26 septembre 1839.

Signé : LOUIS-PHILIPPE.

Par le Roi :

Le Ministre Secrétaire d'État au département de l'agriculture et du commerce,

Signé : L. Cunin-Gridaine.

---

et de 1845 à 1849 par J.-B. Boussingault, qui, nommé conseiller d'État, dut suspendre son enseignement et reçut, à la demande de ses collègues, le titre de professeur honoraire. La dissolution du Conseil d'État, au 2 décembre 1851, rendit J.-B. Boussingault au Conservatoire, où il fut nommé, par décret en date du 23 du même mois, à une chaire de *Chimie agricole* de création toute récente, dont le titre fut complété en 1871 par celui d'*Analyse chimique*, et dans laquelle, après dix années de remplacement et quatre ans de suppléance, le professeur actuel, M. Th. Schloesing, a été appelé à lui succéder par décret du 23 septembre 1887.

(1) Ce cours, qui, depuis dix-huit ans, porte le titre de *Chimie industrielle*, est actuellement professé par le successeur immédiat d'A. Payen, M. Aimé Girard, nommé par décret en date du 5 septembre 1871.

(2) *Voir*, ci-dessus, la 2e note de la page 101.

ORDONNANCE

INSTITUANT LE COURS ACTUEL D'AGRICULTURE.

(Du 13 novembre 1839.)

LOUIS-PHILIPPE, Roi des Français, à tous présents et à venir, SALUT.

Sur le rapport de notre Ministre Secrétaire d'État au département de l'agriculture et du commerce;

Vu notre ordonnance du 26 septembre dernier,

Nous avons ordonné et ordonnons ce qui suit :

Article premier. — Il est établi au Conservatoire royal des arts et métiers un deuxième cours d'agriculture [1].

Art. 2. — M. Moll, professeur du cours supprimé de mécanique agricole[2], est nommé professeur du deuxième cours d'agriculture.

Art. 3. — Notre Ministre Secrétaire d'État au département de l'agriculture et du commerce est chargé de l'exécution de la présente ordonnance.

Fait au palais des Tuileries, le 13 novembre 1839.

Signé : LOUIS-PHILIPPE.

Par le Roi :

Le Ministre Secrétaire d'État au département de l'agriculture et du commerce,

Signé : L. Cunin-Gridaine.

---

[1] Ce cours est actuellement professé par le successeur immédiat de L. Moll, M. Ed. Lecouteux, nommé par décret en date du 2 décembre 1881.

[2] *Voir*, ci-dessus, la note de la page 103, et ci-contre, page 106, l'article 2 d'une ordonnance du 26 septembre 1839.

ARRÊTÉ

PORTANT CRÉATION D'UNE CHAIRE SPÉCIALE DE CÉRAMIQUE [1].

(Du 28 avril 1848.)

Au Nom du Peuple français,

Le Ministre provisoire de l'agriculture et du commerce,

En vertu du décret du Gouvernement provisoire, en date du 2 mars 1848, dont la teneur suit : «Les affaires d'administration courante, qui, dans l'état actuel de la législation, ne pouvaient être réglées qu'au moyen d'ordonnances royales, seront valablement décidées par le Ministre provisoire du département auquel ces affaires ressortissent»;

Considérant que l'enseignement scientifique de la céramique est d'un intérêt pressant pour l'industrie nationale, qu'il devient un appendice nécessaire des travaux de la Manufacture nationale de Sèvres, appendice sans lequel les préparations et les manipulations de ladite Manufacture ne sont le plus souvent, pour les industriels, qu'une lettre morte, et toujours un enseignement incomplet;

Considérant qu'un cours de céramique ne peut être utilement établi à Sèvres et qu'il n'obtiendra de résultats féconds pour l'industrie qu'autant qu'il sera professé à Paris même, au Conservatoire national des arts et métiers,

Arrête :

Article premier. — Une chaire spéciale de céramique est instituée au Conservatoire national des arts et métiers.

Art. 2. — L'enseignement spécial de la céramique fait partie des devoirs et attributions de l'administrateur de la Manufacture

[1] L'enseignement de la *Céramique*, inauguré par J.-J. Ebelmen au Conservatoire, n'a pas été repris à la mort de ce savant, arrivée en 1852. Il a, depuis, été réuni à celui de la *Teinture* et de la *Verrerie*, pour contribuer à la formation d'un nouveau cours, confié dès l'origine, le 28 octobre 1868, au professeur actuel M. V. de Luynes (*voir* ci-après, page 117).

nationale de Sèvres, sans qu'il y ait lieu d'ajouter aux émoluments qui lui sont accordés en cette qualité.

Art. 3. — Le cours de céramique sera professé tous les ans du 15 mai au 1er août.

Art. 4. — Une indemnité annuelle de deux cents francs sera ordonnancée au profit de l'administrateur, professeur du cours de céramique, pour le rembourser de ses frais de déplacement.

Art. 5. — L'administrateur du Conservatoire des arts et métiers et le citoyen Ebelmen, administrateur de la Manufacture nationale de Sèvres, sont chargés, chacun en ce qui le concerne, de l'exécution du présent arrêté.

Paris, le 28 avril 1848.

Signé : BETHMONT.

DÉCRET

INSTITUANT LE COURS ACTUEL DE FILATURE ET TISSAGE ET UN COURS DE TEINTURE, IMPRESSION ET APPRÊTS DES TISSUS[1].

(Du 13 septembre 1852.)

Au Nom du Peuple français,

LOUIS-NAPOLÉON, Président de la République française,

Vu la loi de finances du 8 juillet 1852;

Vu les ordonnances du 25 novembre 1819, du 31 août 1828 et du 24 février 1840;

Sur le rapport du Ministre de l'intérieur, de l'agriculture et du commerce,

Décrète :

Article premier. — Il est créé, au Conservatoire des arts et métiers, deux nouveaux cours publics et gratuits, savoir :

Un cours de filature et de tissage[2];

Un cours de teinture, impression et apprêts des tissus.

Art. 2. — Les professeurs de chacun de ces cours jouiront d'un traitement annuel de 5,000 francs[3].

---

[1] Ce cours, professé par J. Persoz de 1852 à 1868, a été remplacé à cette dernière époque (*voir* ci-après, page 117) par une chaire de *Chimie appliquée aux industries de la teinture, de la céramique et de la verrerie.*

[2] Cette chaire a été, depuis sa création jusqu'en 1877, occupée par Michel Alcan, à qui le professeur actuel, M. J. Imbs, a été appelé à succéder, d'abord comme chargé de cours, puis comme titulaire, par arrêté ministériel du 28 juillet 1879 et par décret en date du 6 janvier 1881.

[3] *Voir*, ci-dessus, la 2e note de la page 101.

Art. 3. — Le Ministre de l'intérieur, de l'agriculture et du commerce est chargé de l'exécution du présent décret.

Fait au palais de Saint-Cloud, le 13 septembre 1852.

Signé : L.-NAPOLÉON.

Par le Prince-Président :

Le Ministre de l'intérieur, de l'agriculture et du commerce,

Signé : F. de Persigny.

DÉCRET

PORTANT CRÉATION D'UN COURS DE ZOOLOGIE APPLIQUÉE À L'AGRICULTURE ET À L'INDUSTRIE [1].

(Du 30 novembre 1852.)

LOUIS-NAPOLÉON, Président de la République française,

Considérant que si le Conservatoire national des arts et métiers comprend, dans son enseignement, un cours d'agriculture, aucune chaire n'y est spécialement consacrée à l'histoire agricole et industrielle des animaux, embrassant :

1° L'étude des animaux utiles, de leurs espèces et de leurs produits, viande, laine, cuir, lait, beurre, fromage, soies, fourrures, matières tinctoriales, etc.;

2° Celle des animaux nuisibles aux récoltes de toute nature;

Considérant qu'un enseignement zoologique ainsi défini et appliqué, en rendant à l'agriculture et à l'industrie d'importants services, formerait, en outre, le complément ou l'introduction des cours dans lesquels on traite de la mise en œuvre des matières premières, sans se préoccuper de leur origine,

Décrète :

Article premier. — Il est institué au Conservatoire national des arts et métiers une chaire de zoologie appliquée à l'agriculture et à l'industrie.

Art. 2. — Le Ministre de l'intérieur, de l'agriculture et du commerce est chargé de l'exécution du présent décret.

Fait au palais de Saint-Cloud, le 30 novembre 1852.

Signé : L.-NAPOLÉON.

Par le Prince-Président :

Le Ministre de l'intérieur, de l'agriculture et du commerce,

Signé : F. de Persigny.

---

[1] Ce cours a été professé par É. Baudement de 1852 à 1863, et remplacé l'année suivante (*voir* ci-après, page 114) par un cours de *Travaux agricoles et génie rural.*

DÉCRET

INSTITUANT LE COURS ACTUEL DE CONSTRUCTIONS CIVILES ET REMPLAÇANT LA CHAIRE D'ÉCONOMIE INDUSTRIELLE PAR UNE CHAIRE D'ADMINISTRATION ET STATISTIQUE INDUSTRIELLES.

(Du 4 novembre 1854.)

NAPOLÉON, par la grâce de Dieu et la volonté nationale, EMPEREUR DES FRANÇAIS, à tous présents et à venir, SALUT.

Sur le rapport de notre Ministre Secrétaire d'État au département de l'agriculture, du commerce et des travaux publics;

Vu le décret du 10 décembre 1853, relatif à l'organisation du Conservatoire impérial des arts et métiers,

AVONS DÉCRÉTÉ ET DÉCRÉTONS CE QUI SUIT :

ARTICLE PREMIER. — Une chaire de constructions civiles[1] et une chaire d'administration et de statistique industrielles sont instituées au Conservatoire des arts et métiers.

La chaire d'administration et de statistique industrielles remplacera la chaire d'économie industrielle[2], qui demeure supprimée.

ART. 2. — Notre Ministre Secrétaire d'État au département de l'agriculture, du commerce et des travaux publics est chargé de l'exécution du présent décret.

Fait au palais de Saint-Cloud, le 4 novembre 1854.

Signé : NAPOLÉON.

Par l'Empereur :

Le Ministre de l'agriculture, du commerce et des travaux publics,

Signé : P. MAGNE.

---

[1] Cette chaire est, depuis sa création, occupée par M. Émile TRÉLAT, nommé par décret en date du 4 novembre 1854.

[2] *Voir*, ci-dessus, la note 3 de la page 98.

IMPRIMERIE NATIONALE.

DÉCRET

REMPLAÇANT LE COURS DE ZOOLOGIE APPLIQUÉE PAR LE COURS ACTUEL DE TRAVAUX AGRICOLES ET GÉNIE RURAL.

(Du 30 mars 1864.)

NAPOLÉON, par la grâce de Dieu et la volonté nationale, EMPEREUR DES FRANÇAIS, à tous présents et à venir, SALUT.

Vu le décret du 10 décembre 1853, portant organisation du Conservatoire impérial des arts et métiers;

Vu l'avis du Conseil de perfectionnement du Conservatoire, en date du 2 février 1864;

Sur le rapport de notre Ministre de l'agriculture, du commerce et des travaux publics,

AVONS DÉCRÉTÉ ET DÉCRÉTONS CE QUI SUIT :

ARTICLE PREMIER. — Il est créé au Conservatoire des arts et métiers un cours de travaux agricoles et de génie rural[1]. Ce cours remplacera le cours de zoologie appliquée à l'agriculture[2].

ART. 2. — Notre Ministre Secrétaire d'État au département de l'agriculture, du commerce et des travaux publics est chargé de l'exécution du présent décret.

Fait au palais des Tuileries, le 30 mars 1864.

Signé : NAPOLÉON.

Par l'Empereur :

Le Ministre Secrétaire d'État
au département de l'agriculture, du commerce et des travaux publics,

Signé : Armand BÉHIC.

---

[1] Ce cours est professé aujourd'hui par M. Ch. DE COMBEROUSSE, qui a été appelé à succéder à Hervé MANGON, après une année de suppléance et par décret en date du 29 juillet 1882.

[2] *Voir* ci-dessus, page 112.

DÉCRET

REMPLAÇANT LES COURS DE LÉGISLATION INDUSTRIELLE ET D'ADMINISTRATION ET STATISTIQUE INDUSTRIELLES PAR LES COURS ACTUELS D'ÉCONOMIE POLITIQUE ET LÉGISLATION INDUSTRIELLE ET D'ÉCONOMIE INDUSTRIELLE ET STATISTIQUE.

(Du 26 octobre 1864.)

NAPOLÉON, par la grâce de Dieu et la volonté nationale, EMPEREUR DES FRANÇAIS, à tous présents et à venir, SALUT.

Vu le décret du 10 décembre 1853, portant organisation du Conservatoire impérial des arts et métiers;

Vu l'avis du Conseil de perfectionnement du Conservatoire, en date du 26 avril 1864;

Sur le rapport de notre Ministre Secrétaire d'État au département de l'agriculture, du commerce et des travaux publics,

AVONS DÉCRÉTÉ ET DÉCRÉTONS CE QUI SUIT :

ARTICLE PREMIER. — Les deux cours de législation industrielle[1] et d'administration et statistique industrielles[2] au Conservatoire impérial des arts et métiers seront remplacés :

Le premier, par un cours d'économie politique et de législation industrielle;

Le second, par un cours d'économie industrielle et de statistique.

ART. 2. — M. WOLOWSKI, actuellement chargé du cours de législation industrielle, sera chargé du cours d'économie politique et de législation industrielle.

---

(1) *Voir*, ci dessus, la note 3 de la page 105.

(2) *Voir*, ci-dessus, la page 113 et la note 3 de la page 98.

8.

M. Burat, actuellement chargé du cours d'administration et de statistique industrielles, sera chargé du cours d'économie industrielle et de statistique.

Art. 3. — Notre Ministre Secrétaire d'État au département de l'agriculture, du commerce et des travaux publics est chargé de l'exécution du présent décret.

Fait au palais de Saint-Cloud, le 26 octobre 1864.

Signé : NAPOLÉON.

Par l'Empereur :

Le Ministre de l'agriculture,
du commerce et des travaux publics,

Signé : Armand Béhic.

DÉCRET

REMPLAÇANT LA CHAIRE DE TEINTURE, IMPRESSION ET APPRÊTS DES TISSUS PAR LA CHAIRE ACTUELLE DE CHIMIE APPLIQUÉE AUX INDUSTRIES DE LA TEINTURE, DE LA CÉRAMIQUE ET DE LA VERRERIE.

(Du 28 octobre 1868.)

NAPOLÉON, par la grâce de Dieu et la volonté nationale, EMPEREUR DES FRANÇAIS, à tous présent et à venir, SALUT.

Vu le décret du 10 décembre 1853, portant organisation du Conservatoire impérial des arts et métiers;

Vu l'avis du Conseil de perfectionnement du Conservatoire, en date du 23 octobre 1868;

Sur le rapport de notre Ministre Secrétaire d'État au département de l'agriculture, du commerce et des travaux publics,

AVONS DÉCRÉTÉ ET DÉCRÉTONS CE QUI SUIT :

ARTICLE PREMIER. — Il est établi au Conservatoire impérial des arts et métiers une chaire de chimie appliquée aux industries de la teinture, de la céramique et de la verrerie [1].

ART. 2. — Cette chaire remplacera la chaire de teinture, apprêt et impression de tissus [2].

ART. 3. — Notre Ministre Secrétaire d'État au département de

---

[1] Cette chaire est, depuis son institution, occupée par M. V. DE LUYNES, nommé par décret en date du 28 octobre 1868.

[2] *Voir*, ci-dessus, la page 110 et la note de la page 108.

l'agriculture, du commerce et des travaux publics est chargé de l'exécution du présent décret.

Fait au palais de Saint-Cloud, le 28 octobre 1868.

Signé : NAPOLÉON.

Par l'Empereur :

Le Ministre de l'agriculture, du commerce et des travaux publics,

Signé : DE FORCADE.

DÉCRET

INSTITUANT UN COURS ANNEXE DE DROIT COMMERCIAL[1] PRÈS LA CHAIRE D'ÉCONOMIE POLITIQUE ET LÉGISLATION INDUSTRIELLE.

(Du 20 novembre 1879.)

Le Président de la République,

Vu le décret du 10 décembre 1853, relatif à l'organisation du Conservatoire des arts et métiers;

Vu le décret du 26 octobre 1864, relatif à l'établissement d'un cours d'économie politique et de législation industrielle[2];

Sur le rapport du Ministre de l'agriculture et du commerce,

Décrète :

Article premier. — Il est institué au Conservatoire des arts et métiers, près la chaire d'économie politique et législation industrielle, un cours annexe de droit commercial.

Art. 2. — M. Malapert, avocat près la cour d'appel de Paris, est chargé du cours annexe établi par l'article premier.

Art. 3. — Le Ministre de l'agriculture et du commerce est chargé de l'exécution du présent décret.

Fait à Paris, le 20 novembre 1879.

Signé : Jules GRÉVY.

Par le Président de la République :

Le Ministre de l'agriculture et du commerce,

Signé : P. Tirard.

---

[1] On trouvera ci-après, page 120, le texte d'un décret du 6 janvier 1881, aux termes duquel ce cours annexe a été remplacé par un cours indépendant.

[2] *Voir* ci-dessus, page 115.

DÉCRET

REMPLAÇANT PAR LE COURS ACTUEL DE DROIT COMMERCIAL LE COURS ANNEXE INSTITUÉ PAR DÉCRET EN DATE DU 20 NOVEMBRE 1879.

(Du 6 janvier 1881.)

Le Président de la République,

Vu le décret du 10 décembre 1853, relatif à l'organisation du Conservatoire national des arts et métiers;

Vu le décret du 20 novembre 1879, qui a institué à cet établissement, près la chaire d'économie politique et de législation industrielle, un cours annexe de droit commercial [1];

Sur le rapport du Ministre de l'agriculture et du commerce,

Décrète :

Article premier. — M. Malapert, avocat près la cour d'appel de Paris, chargé du cours annexe de droit commercial institué au Conservatoire national des arts et métiers par décret du 20 novembre 1879, est nommé professeur de droit commercial à cet établissement.

Art. 2. — Le Ministre de l'agriculture et du commerce est chargé de l'exécution du présent décret.

Fait à Paris, le 6 janvier 1881.

Signé : Jules GREVY.

Par le Président de la République:

Le Ministre de l'agriculture et du commerce,

Signé : P. Tirard.

---

[1] *Voir* ci-dessus, p. 119.

III

ANNEXES.

LISTE CHRONOLOGIQUE

DES COMMISSION ADMINISTRATIVE ET MINISTÈRES

AUXQUELS A, DEPUIS SA FONDATION, RESSORTI

LE CONSERVATOIRE DES ARTS ET MÉTIERS.

Formé le 19 vendémiaire an III (10 octobre 1794) sous l'inspection de la *Commission d'agriculture et des arts*, dont les membres étaient alors Berthollet, Gateau et Thuillier — ces deux derniers devant, quelques semaines plus tard (16-19 novembre), être remplacés par Lhéritier jeune — le Conservatoire des arts et métiers a, depuis la deuxième année de son existence jusqu'à l'époque actuelle (avril 1889), été successivement placé dans les attributions des départements ministériels suivants :

Ministère de l'intérieur (du commencement de l'an IV [fin de 1795] au 4 janvier 1828).

Ans.

IV-V (1795-1797) : Benezech;

V (1797) : N. François, de Neufchâteau;

V-VI (1797-1798) : Ch.-L.-F.-H. Letourneur;

VI-VII (1798-1799) : N. François, de Neufchâteau;

VII-VIII (1799) : N.-M. Quinette;

VIII (1799) : P.-S., marquis de Laplace;

VIII-IX (1799-1801) : Lucien Bonaparte, depuis prince de Canino;

IX-XII (1801-1804) : après trois mois d'intérim, J.-A. Chaptal, depuis comte de Chanteloup;

XII (1804)-1807 : J.-B. Nompère de Champagny, depuis duc de Cadore;

1807-1809 : E. Crétet, comte de Champmol;

1809-1814 : J.-P. Bachasson, comte de Montalivet;

1814-1815 : F.-X., abbé de Montesquiou-Fezenzac;

1815 : Lazare-N.-M., général Carnot; puis, à titre provisoire, C.-M., général Carnot de Feulins et E.-D., baron, depuis duc Pasquier;

1815-1816 : V.-M. Viénot, comte de Vaublanc;

1816-1818 : J.-H.-J., vicomte Lainé;

1818-1820 : É., comte, depuis duc Decazes;

1820-1821 : J.-J., comte SIMÉON ;
1821-1827 : J.-J.-G.-P., comte CORBIÈRE ;
1827-1828 : par intérim, J.-B.-S.-J., comte DE VILLÈLE, président du Conseil, ministre des finances.

Ministère du commerce et des manufactures (du 4 janvier 1828 au 8 août 1829).

1828-1829 : comte DE SAINT-CRICQ.

Ministère de l'intérieur (du 8 août 1829 au 13 mars 1831).

1829 : F.-R., comte DE LA BOURDONNAYE ;
1829-1830 : G.-I., comte DE MONTBEL ;
1830 : Ch.-I., comte DE PEYRONNET ;
F.-P.-G. GUIZOT ;
1830-1831 : M.-C. BACHASSON, comte DE MONTALIVET.

Ministère du commerce et des travaux publics (du 13 mars 1831 au 4 avril 1834).

1831-1832 : A.-M.-A., comte D'ARGOUT ;
1832-1834 : A. THIERS.

Ministère du commerce (du 4 avril 1834 au 22 février 1836).

1834 : Ch.-M. TANNEGUY, comte DUCHATEL ;
J.-B. TESTE ;
1834-1836 : Ch.-M. TANNEGUY, comte DUCHATEL.

Ministère du commerce et des travaux publics (du 22 février au 19 septembre 1836).

1836 : Hippolyte-P. PASSY.

Ministère des travaux publics, de l'agriculture et du commerce (du 19 septembre 1836 au 12 mai 1839).

1836-1839 : N.-F.-M.-L.-J. MARTIN, du Nord ;
1839 : par intérim, A.-É.-P., comte DE GASPARIN, ministre de l'intérieur.

Ministère de l'agriculture et du commerce (du 12 mai 1839 au 25 janvier 1852).

1839-1840 : L. CUNIN-GRIDAINE ;
1840 : A. GOUIN ;
1840-1848 : L. CUNIN-GRIDAINE ;
1848 : E. BETHMONT ;

1848 : F. FLOCON;
Ch.-G. TOURRET;
J.-A. BIXIO;
1848-1849 : M. L.-J. BUFFET;
1849 : V.-A., vicomte LANJUINAIS;
1849-1851 : J.-B. DUMAS;
1851 : L.-B. BONJEAN;
J.-E. SCHNEIDER;
M. L.-J. BUFFET;
F.-Xavier, comte DE CASA-BIANCA;
1851-1852 : N.-J. LEFEBVRE-DURUFLÉ.

Ministère de l'intérieur, de l'agriculture et du commerce (du 25 janvier 1852 au 23 juin 1853).

1852-1853 : J.-G.-V. FIALIN, comte, depuis duc DE PERSIGNY.

Ministère de l'agriculture, du commerce et des travaux publics (du 23 juin 1853 au 17 juillet 1869).

1853-1855 : P. MAGNE;
1855-1863 : E. ROUHER;
1863-1867 : M. Armand BÉHIC;
1867-1868 : J.-L.-V.-A. DE FORCADE-LAROQUETTE;
1868-1869 : M. É.-V. GRESSIER.

Ministère de l'agriculture et du commerce (du 17 juillet 1869 au 14 novembre 1881).

1869-1870 : P.-A.-Alfred LEROUX;
1870 : Ch. LOUVET;
Clément-A.-J.-B. DUVERNOIS;
1870-1871 : M. P.-J. MAGNIN;
1871 : F.-É.-H. LAMBRECHT;
1871-1872 : E.-E.-Victor-E. LEFRANC;
1872 : M.-T.-E. DE GOULARD;
1872-1873 : M. P.-E. TEISSERENC DE BORT;
1873 : M. J.-L. DE LA BOUILLERIE;
1873-1874 : M. DESEILLIGNY;
1874-1875 : M. L.-R.-J. GRIVART;
1875-1876 : M. M.-C.-A., vicomte DE MEAUX;
1876-1877 : M. P.-E. TEISSERENC DE BORT;
1877 : M. M.-C.-A., vicomte DE MEAUX;
J.-A.-S.-M. OZENNE;
1877-1879 : M. P.-E. TEISSERENC DE BORT;
1879 : E.-Ch.-P. LEPÈRE;
1879-1881 : M. P.-E.-TIRARD.

Ministère des arts (du 14 novembre 1881 au 30 janvier 1882).

1881 : M. Antonin PROUST.

Ministère du commerce (du 30 janvier 1882 au 8 janvier 1886).

1882 : M. P.-E. TIRARD;
1882-1883 : M. Pierre LEGRAND;
1883-1884 : M. A.-Charles HÉRISSON;
1884-1885 : M. Maurice ROUVIER;
1885 : M. Pierre LEGRAND;
1885-1886 : M. A.-Lucien DAUTRESME.

Ministère du commerce et de l'industrie (du 8 janvier 1886 au 14 mars 1889).

1886-1887 : M. Édouard Lockroy;
1887-1888 : M. A.-Lucien Dautresme;
1888-1889 : M. Pierre Legrand;
1889 : M. P.-E. Tirard.

Ministère du commerce, de l'industrie et des colonies (depuis le 14 mars 1889).

M. P.-E. Tirard, président du Conseil des ministres.

DIRECTEURS, ADMINISTRATEURS
ET SOUS-DIRECTEURS
DU CONSERVATOIRE DES ARTS ET MÉTIERS
DEPUIS LA CRÉATION DE CET ÉTABLISSEMENT.

Depuis le 19 vendémiaire an III (10 octobre 1794) jusqu'au 27 vendémiaire an IX (18 octobre 1800), l'administration appartint aux membres du Conservatoire des arts et métiers, qui furent à l'origine :

VANDERMONDE, J.-B. LE ROY et N.-J. CONTÉ, démonstrateurs, et BEUVELOT, dessinateur.

VANDERMONDE, après son décès, survenu le 11 nivôse an IV (31 décembre 1795), CONTÉ, à la suite de son départ pour la campagne d'Égypte et tout en conservant son titre de démonstrateur, et J.-B. LE ROY, mort subitement le 1er pluviôse an VIII (20 janvier 1800), furent remplacés :

Le premier, par C.-P. MOLARD, dans le courant de nivôse an IV (janvier 1796);

Le deuxième, par H. GRÉGOIRE, le 27 pluviôse an VII (15 février 1799);

Et le troisième, par Joseph MONTGOLFIER, à la date du 2 pluviôse suivant (21 janvier 1800)[1].

Du 28 vendémiaire an IX (19 octobre 1800) au commencement de 1817, le Conservatoire fut placé sous l'autorité d'un administrateur, C.-P. MOLARD, qui, pendant quelques mois avant son admission à la retraite, eut pour suppléant son frère, F.-E. MOLARD, administrateur par intérim.

Depuis le commencement de 1817 jusqu'au 8 novembre 1831, l'administration de l'établissement fut confiée à un directeur, G.-J. CHRISTIAN[2], qui eut successivement sous ses ordres, en qualité de sous-directeurs :

---

[1] CONTÉ et Joseph MONTGOLFIER moururent le premier en 1805 et le second le 25 juin 1810, et, par mesure d'économie, ne furent pas remplacés dans leur emploi de démonstrateurs. Quant au dessinateur BEUVELOT, il fut admis à la retraite en 1815 et eut LEBLANC pour successeur.

[2] De 1817 à 1823, le duc DE LA ROCHEFOUCAULD, pair de France, fut investi par ordonnance royale des fonctions d'inspecteur général du Conservatoire des arts et métiers dont il eut, en cette qualité, à surveiller toutes les parties de l'administration.

F.-E. Molard, jusqu'au 12 mars 1829, époque de sa mort;

Et Pouillet, à partir du 6 mai de la même année.

Du 9 novembre 1831 au 9 décembre 1853, la direction du Conservatoire appartint à un administrateur nommé parmi les professeurs titulaires des cours de haut enseignement.

Furent successivement choisis en cette qualité :

Jusqu'au 15 juin 1849, Pouillet, professeur de physique appliquée aux arts;

Depuis le 17 octobre suivant jusqu'en novembre 1852 et après quatre mois d'intérim, le colonel d'artillerie A. Morin, professeur de mécanique appliquée aux arts;

Du mois de novembre 1852 au 4 août 1853, Th. Olivier, professeur de géométrie descriptive,

Et enfin, pendant les quatre mois suivants et par intérim, H. Tresca, ingénieur chargé du service des expériences.

Depuis le 10 décembre 1853, l'établissement est régi par un directeur.

L'un des anciens administrateurs, le général de division A. Morin, fut le premier appelé à ces fonctions, qu'il conserva jusqu'à sa mort, arrivée le 7 février 1880.

Hervé Mangon, professeur de travaux agricoles et génie rural, lui succéda immédiatement, et se retira l'année suivante, lors de son élection à la Chambre des députés.

Le directeur actuel, nommé par décret du 25 octobre 1881, est M. le colonel Laussedat, professeur de géométrie appliquée aux arts.

Pendant vingt-six années enfin, à dater du 10 avril 1854, H. Tresca, professeur remplaçant, puis titulaire de mécanique appliquée aux arts, occupa le poste d'ingénieur[1] sous-directeur, supprimé par arrêté du 25 juin 1880.

---

[1] Le titre d'ingénieur a été rétabli par arrêté du 5 juin 1883 et conféré à M. L. Masson, qui, en octobre 1880, avait été appelé au poste d'inspecteur du Conservatoire des arts et métiers.

PROFESSEURS TITULAIRES
DU CONSERVATOIRE DES ARTS ET MÉTIERS
DEPUIS L'INSTITUTION DES COURS DE HAUT ENSEIGNEMENT [1].

A. — Géométrie appliquée aux arts.

(De 1819 à 1824, *Mécanique appliquée aux arts;* de 1825 à 1839, *Mécanique et géométrie appliquées aux arts;* de 1839 à 1851, *Géométrie appliquée aux arts et statistique.*)

1819-1873, baron P.-Ch.-F. Dupin;
Depuis le 8 mai 1873 et après neuf années de suppléance, M. le colonel Laussedat.

B. — Géométrie descriptive.

1839-1853, Th. Olivier;
1854-1883, J.-A.-R. Maillard de la Gournerie;
Depuis le 10 janvier 1884, M. E. Rouché.

C. — Mécanique appliquée aux arts.

(De 1839 à 1851, *Mécanique industrielle.*)

1839-1856, le capitaine, depuis général de division A.-J. Morin [2];
1857-1885 et après trois années de remplacement, H.-E. Tresca;
Depuis le 7 avril 1886, M. J. Hirsch.

D. — Constructions civiles.

Depuis le 4 novembre 1854, M. Émile Trélat.

---

[1] *Voir* ci-dessus, pages 97 à 120, la série des ordonnances, décrets et arrêtés relatifs à l'institution de ces cours.

[2] Depuis le 20 décembre 1856 jusqu'à sa mort, survenue le 7 février 1880, le général Morin porta le titre de professeur honoraire.

IMPRIMERIE NATIONALE.

E. — Physique appliquée aux arts.

(De 1829 à 1851, *Physique appliquée aux arts et démonstration de machines.*)

1829-1852, C.-S.-M. POUILLET;
Depuis le 31 décembre 1852, M. Edm. BECQUEREL.

F. — Chimie générale dans ses rapports avec l'industrie.

(De 1819 à 1871, *Chimie appliquée aux arts.*)

1819-1841, N. CLÉMENT-DESORMES;
Depuis le 1er décembre 1841, et après quelques mois de suppléance, M. E. PELIGOT.

G. — Chimie industrielle.

(De 1839 à 1851, *Chimie appliquée aux arts* [second cours]; de 1851 à 1871, *Chimie appliquée à l'industrie.*)

1839-1871, A. PAYEN;
Depuis le 5 septembre 1871, M. Aimé GIRARD.

H. — Chimie appliquée aux industries de la teinture, de la céramique et de la verrerie.

(De 1848 à 1852, *Arts céramiques;* de 1852 à 1868, *Teinture, impression et apprêts des tissus.*)

1848-1852, J.-J. EBELMEN;
1852-1868, J.-F. PERSOZ;
Depuis le 28 octobre 1868, M. V. DE LUYNES.

I. — Chimie agricole et analyse chimique.

(De 1839 à 1849, *Agriculture;* de 1851 à 1871, *Chimie agricole.*)

1839-1845, O. LECLERC-THOUIN;
1845-1849 et 1851-1887, J.-B.-J.-D. BOUSSINGAULT[1].
Depuis le 23 septembre 1887, après dix années de remplacement et quatre ans de suppléance, M. Th. SCHLOESING.

J. — Agriculture.

(De 1839 à 1849, *Agriculture* [second cours].)

1839-1880, L.-C.-E. MOLL;
Depuis le 2 décembre 1881, M. Éd. LECOUTEUX.

---

[1] En 1850 et 1851, J.-B. BOUSSINGAULT eut le titre de professeur honoraire. — *Voir* ci-dessus, à ce sujet, la note 4 de la page 105.

K. — Travaux agricoles et génie rural.

(De 1852 à 1864, *Zoologie appliquée à l'agriculture et à l'industrie.*)

1852-1863, É. BAUDEMENT;
1864-1882, Ch.-F.-Hervé MANGON;
Depuis le 29 juillet 1882 et après une année de suppléance, M. Ch. DE COMBEROUSSE.

L. — Filature et tissage.

1852-1877, Michel ALCAN;
Depuis le 6 janvier 1881, M. J. IMBS, précédemment chargé du cours par arrêté ministériel en date du 28 juillet 1879.

M. — Économie politique et législation industrielle.

(De 1839 à 1864, *Législation industrielle.*)

1839-1876, L.-F.-M.-R. WOLOWSKI;
Depuis le 6 novembre 1876 et après cinq années de remplacement, M. É. LEVASSEUR.

N. — Économie industrielle et statistique.

(De 1819 à 1853, *Économie industrielle;* de 1854 à 1864, *Administration et statistique industrielles.*)

1819-1832, J.-B. SAY;
1834-1854, J.-Ad. BLANQUI;
1854-1885, J.-F. BURAT;
Depuis le 7 septembre 1885, après une année de remplacement et deux ans de suppléance, M. Alf. DE FOVILLE.

O. — Droit commercial.

(De 1879 à 1880, *Droit commercial* [cours annexe].)

Depuis le 6 janvier 1881, M. F. MALAPERT, précédemment chargé du cours annexe de droit commercial institué par décret en date du 20 novembre 1879.

PRÉSIDENTS, VICE-PRÉSIDENTS, MEMBRES ET SECRÉTAIRES DES CONSEILS DE PERFECTIONNEMENT SUCCESSIVEMENT PLACÉS AUPRÈS DE LA DIRECTION DU CONSERVATOIRE[1].

Depuis sa création jusqu'au 27 vendémiaire an IX (18 octobre 1800), le Conservatoire des arts et métiers fut, pendant six ans, administré par une assemblée comprenant les démonstrateurs et le dessinateur nommés en vertu de la loi du 19 vendémiaire an III (10 octobre 1794).

A ce titre et d'après ce qui a été dit plus haut, page 127, Vandermonde, J.-B. Le Roy, N.-J. Conté, Beuvelot, C.-P. Molard, H. Grégoire et J. Montgolfier peuvent être considérés comme ayant appartenu au premier Conseil de perfectionnement du Conservatoire.

Ce Conseil eut pour *présidents* élus :

Le Roy, du 9 fructidor an IV (25 août 1796) au 1er pluviôse an VIII (20 janvier 1800), date de son décès,
Et Molard, depuis le 2 du même mois (21 janvier);

Et choisit successivement :

1° En qualité de *secrétaires :*

Molard, à la date du 9 fructidor an IV (25 août 1796),
Et Grégoire, à partir du 14 frimaire an VIII (4 décembre 1799);

2° En qualité de *dépositaires des fonds :*

Conté, à partir du 9 fructidor an IV (25 août 1796),
Et Molard, à la suite du départ de Conté pour la campagne d'Égypte.

28 vendémiaire an IX (19 octobre 1800). — Un arrêté du Ministre de l'intérieur institue auprès de l'administrateur de l'établissement, C.-P. Molard, un Conseil composé de Grégoire, J. Montgolfier et Beuvelot.

---

[1] Voir ci-dessus, pages 13 à 93, la série des lois, décrets, ordonnances, règlements et arrêtés relatifs à l'organisation du Conservatoire et, en particulier, à l'institution de ses Conseils de perfectionnement.

10 juillet 1817. — A cette date a lieu la première réunion du Conseil d'amélioration et de perfectionnement formé en exécution de l'ordonnance du 16 avril 1817 et comprenant :

Le duc DE LA ROCHEFOUCAULD, pair de France, inspecteur général du Conservatoire et des Écoles d'arts et métiers, *président;*
CHRISTIAN, directeur du Conservatoire;
CHARLES, HÉRON DE VILLEFOSSE, THÉNARD, membres de l'Institut;
D'ARCET, vérificateur de la Monnaie;
TARBÉ, maître des requêtes, inspecteur général des ponts et chaussées
TERNAUX, manufacturier;
MOLARD jeune, sous-directeur du Conservatoire, *secrétaire.*

26 novembre 1819. — Un arrêté du Ministre de l'intérieur constitue, sous l'approbation du Roi, un Conseil de perfectionnement composé comme suit [1] :

Membres permanents [2] :

Le duc DE LA ROCHEFOUCAULD, pair de France, inspecteur général du Conservatoire et des Écoles d'arts et métiers;
CHRISTIAN, directeur du Conservatoire;
Ch. DUPIN, professeur du cours de mécanique appliquée aux arts;
CLÉMENT-DESORMES, professeur du cours de chimie appliquée aux arts;
J.-B. SAY, professeur du cours d'économie industrielle.

Membres rééligibles par tiers tous les trois ans :

Le comte BERTHOLLET, Le comte CHAPTAL, MIRBEL, maître des requêtes, GAY-LUSSAC, ARAGO, MOLARD aîné, ancien administrateur du Conservatoire, membres de l'Académie des sciences;
TERNAUX aîné, manufacturier;
D'ARCET, inspecteur des essais des monnaies;
Le baron DELESSERT, banquier;
Scipion PERRIER;

---

(1) Ce Conseil a été présidé jusqu'en 1823 par le duc DE LA ROCHEFOUCAULD.

(2) Nommés par ordonnance royale et constituant le Conseil d'administration du Conservatoire des arts et métiers, sous la présidence du pair de France, inspecteur général de l'établissement.

Widmer, de Jouy, manufacturier;
Welter, manufacturier.

Secrétaire :

Molard jeune, sous-directeur du Conservatoire.

31 août 1828. — Un Conseil de perfectionnement du Conservatoire et des Écoles des arts et métiers est, en exécution d'une ordonnance du Roi, nommé par le Ministre du commerce et des manufactures et comprend :

Le duc de Doudeauville, pair de France, ministre d'État, *président;*
Le baron Delessert, membre de la Chambre des députés, *vice-président;*
Christian, directeur du Conservatoire;
Ch. Dupin, Clément-Desormes, J.-B. Say, professeurs au Conservatoire [1];
Le baron Ternaux, Amédée Jauge, membres de la Chambre des députés;
Le baron Thénard, Molard aîné, Gay-Lussac, Arago, d'Arcet, membres de l'Académie des sciences;
Molard jeune, sous-directeur du Conservatoire, *secrétaire* [2].

Les membres survivants des Conseils formés sous le régime des ordonnances de 1817 et de 1819 et non compris dans la liste qui précède conservent le titre d'honoraires.

24 février 1840. — Aux termes d'une ordonnance du Roi, les professeurs des cours de haut enseignement doivent, à l'avenir et sous la présidence annuelle de l'un d'entre eux, former seuls le Conseil de perfectionnement du Conservatoire des arts et métiers.

Ce Conseil se trouve donc, à l'origine, composé de :

Ch. Dupin, professeur de géométrie appliquée aux arts;

---

[1] A ces noms il convient d'ajouter celui d'Ad. Blanqui, appelé à succéder à J.-B. Say en 1834, et ceux du capitaine d'artillerie Morin, de Th. Olivier, de Wolowski, de Leclerc-Thouin et de Payen, professeurs titulaires des cinq nouveaux cours créés par ordonnance du 26 septembre 1839.

[2] F.-E. Molard fut, après sa mort et en vertu d'une ordonnance du 6 mai 1829, remplacé par Pouillet dans ses doubles fonctions de sous-directeur du Conservatoire et de secrétaire du Conseil de perfectionnement.

Clément-Desormes, professeur de chimie appliquée aux arts;
Pouillet, professeur de physique appliquée aux arts et démonstrateur de machines;
Ad. Blanqui, professeur d'économie industrielle;
A. Morin, professeur de mécanique industrielle;
Th. Olivier, professeur de géométrie descriptive;
Wolowski, professeur de législation industrielle;
O. Leclerc-Thouin, professeur d'agriculture;
A. Payen, professeur du second cours de chimie appliquée aux arts;
L. Moll, professeur du second cours d'agriculture.

M. E. Peligot et J.-B. Boussingault y entrent respectivement, en 1841 et 1845, à l'époque de leur nomination aux chaires laissées vacantes par la mort de Clément-Desormes et de Leclerc-Thouin.

J.-J. Ebelmen, administrateur de la Manufacture nationale de Sèvres, y est également appelé lors de la création, en 1848, d'une chaire spéciale de céramique.

Ce Conseil, présidé au début par Ch. Dupin, doyen des professeurs, nommait chaque année un vice-président, qui devenait, de droit, président l'année suivante. Furent ainsi désignés à tour de rôle :

Ad. Blanqui, Th. Olivier, O. Leclerc-Thouin, Ch. Dupin, A. Payen, A. Morin, Wolowski, J.-B. Boussingault, L. Moll, et M. E. Peligot.

Les fonctions de secrétaire, appartenant en principe à l'administrateur du Conservatoire, furent, dès lors (*voir* ci-dessus, page 128), successivement dévolues :

A Pouillet, au colonel A. Morin et à Th. Olivier, professeurs-administrateurs;

Et à H. Tresca, administrateur par intérim.

10-24 décembre 1853. — En vertu d'un décret impérial et d'un arrêté du Ministre de l'agriculture, du commerce et des travaux publics, le Conseil de perfectionnement est composé comme suit :

Le général de division Morin, directeur du Conservatoire, *président;*
Schneider, vice-président du Corps législatif, directeur des usines du Creusot, *vice-président;*
le baron Ch. Dupin, professeur de géométrie appliquée aux arts;
Ad. Blanqui, professeur d'économie industrielle;
Wolowski, professeur de législation industrielle;
A. Payen, professeur de chimie appliquée à l'industrie;
L. Moll, professeur d'agriculture;
M. E. Peligot, professeur de chimie appliquée aux arts;
J.-B. Boussingault, professeur de chimie agricole;
Michel Alcan, professeur de filature et tissage;
J. Persoz, professeur de teinture, impression et apprêts des tissus;

É. Baudement, professeur de zoologie appliquée à l'agriculture et à l'industrie;

M. Edm. Becquerel, professeur de physique appliquée aux arts;

Le général Poncelet, membre de l'Institut;

Legentil, président de la Chambre de commerce de Paris;

Mary, inspecteur divisionnaire, puis inspecteur général des ponts et chaussées;

Couche, professeur à l'École des mines, puis inspecteur général des mines;

Dailly, membre de la Société centrale d'agriculture;

M. Féray, d'Essonnes, manufacturier;

Bernoville, manufacturier;

Gustave Froment, fabricant d'instruments de précision;

Houel, ingénieur civil;

M. Diéterle, chef des travaux d'art à la Manufacture de Sèvres, depuis administrateur titulaire et honoraire de la Manufacture de Beauvais;

H. Tresca, professeur remplaçant de mécanique appliquée aux arts et ingénieur chargé des expériences, depuis professeur titulaire et ingénieur-sous-directeur du Conservatoire, *secrétaire.*

En 1880, après la mort du général Morin, le bureau de ce Conseil est reconstitué :

Le nouveau directeur, M. Hervé Mangon, professeur de travaux agricoles et génie rural et membre du Conseil depuis 1864, est investi des fonctions de président, dans lesquelles il a, un an plus tard, pour successeur le directeur actuel, M. le colonel Laussedat, professeur de géométrie appliquée aux arts et membre du Conseil depuis 1864;

M. le sénateur Féray, d'Essonnes, est appelé à la vice-présidence, vacante depuis plusieurs années;

M. Aimé Girard, enfin, professeur de chimie industrielle, devient secrétaire; il occupe ce poste jusqu'en janvier 1888 et y est, à cette époque, remplacé par M. Alf. de Foville, professeur d'économie industrielle et statistique et membre du Conseil depuis 1885.

D'un autre côté, par suite de la création de nouvelles chaires et en raison des vacances provenant de décès ou de démission, entrent successivement au Conseil :

1854-1883 : J. Maillard de la Gournerie, professeur de géométrie descriptive;

1854 : M. Émile Trélat, professeur de constructions civiles;

1854-1885 : J. Burat, professeur du cours d'administration et statistique industrielles, devenu plus tard celui d'économie industrielle et statistique;

1868 : M. V. de Luynes, professeur de chimie appliquée aux industries de la teinture, de la céramique et de la verrerie;

1871 : M. Aimé Girard, professeur de chimie industrielle;

1876 : M. Émile Levasseur, professeur d'économie politique et législation industrielle;

1880 : MM. les sénateurs Scheurer-Kestner et Tolain;
M. le député Antonin Proust, depuis ministre des arts;
M. le député Spuller, depuis ministre de l'instruction publique et des beaux-arts, actuellement ministre des affaires étrangères;
M. le député, depuis sénateur, Francisque Reymond;
MM. Ch. Lauth, administrateur de la Manufacture de Sèvres; G. Berger, ancien directeur à l'Exposition de 1878, depuis directeur général de l'exploitation de l'Exposition de 1889; Barbedienne et A. Liébaut, industriels et E.-L. Grüner, inspecteur général des mines;

1881 : M. F. Malapert, professeur de droit commercial;
M. J. Imbs, professeur de filature et tissage;
M. Éd. Lecouteux, professeur d'agriculture;
M. le député Éd. Lockroy, depuis ministre du commerce et de l'industrie, et de l'instruction publique et des beaux-arts;

1881-1888 : Hervé Mangon, membre de l'Académie des sciences, député, depuis ministre de l'agriculture;

1882 : M. Ch. de Comberousse, professeur de travaux agricoles et génie rural;

1883-1885 : Lan, inspecteur général, directeur de l'École supérieure des mines;

1884 : M. E. Rouché, professeur de géométrie descriptive;

1885-1887 : P. Luuyt, inspecteur général, directeur de l'École supérieure des mines;

1886 : M. J. Hirsch, professeur de mécanique appliquée aux arts;

1887 : M. le député de Hérédia, depuis ministre des travaux publics;

1887 : M. Th. Schloesing, professeur de chimie agricole et analyse chimique;

1888 : MM. Ed. Fuchs, ingénieur en chef, professeur à l'École supérieure des mines, et Teisserenc de Bort, vice-président du Sénat, ancien ministre de l'agriculture et du commerce, membre de la Société nationale d'agriculture.

Le Conseil de perfectionnement du Conservatoire des arts et métiers se trouve, dès lors, comprendre actuellement (avril 1889) :

M. le colonel Laussedat, directeur-professeur, *président;*
M. le sénateur Féray, d'Essonnes, *vice-président;*
M. le professeur Alf. de Foville, *secrétaire;*

MM. les professeurs E. Peligot, Edm. Becquerel, Émile Trélat, V. de Luynes, Aimé Girard, Émile Levasseur, F. Malapert, J. Imbs, Éd. Lecouteux, Ch. de Comberousse, E. Rouché, J. Hirsch et Th. Schloesing;

MM. les sénateurs Scheurer-Kestner, Tolain, Francisque Reymond et Teisserenc de Bort;

MM. les députés Antonin Proust, Spuller, Éd. Lockroy et de Hérédia;

MM. Diéterle et Ch. Lauth, administrateurs honoraires des Manufactures nationales de Beauvais et de Sèvres;

M. Georges Berger, directeur général de l'exploitation de l'Exposition universelle de 1889;

MM. Barbedienne et A. Liébaut, industriels;

M. Ed. Fuchs, ingénieur en chef, professeur à l'École supérieure des mines.

TABLE DES MATIÈRES.

II

CRÉATION DES COURS DE HAUT ENSEIGNEMENT DU CONSERVATOIRE DES ARTS ET MÉTIERS.

III

ANNEXES.